김 길 수의

# 다시 쓰는 그리스 신화

김 길 수의
다시 쓰는 그리스 신화

지은이 • 김길수
펴낸곳 • 소피아
펴낸이 • 김종현
표지 디자인 • 이미지라인
초판 1쇄 발행 • 2008년 9월 30일
인쇄 • 대원문화사
제본 • 기성제책
등록 • 1995년 9월 22일 (제1-1932호)
주소 • 일산구 대화동 1946-12
전화 • (02) 338~4168, 팩스 • (02) 6442~4168
E-mail • kj9694@hanmail.net



정가 13,000원
ISBN 13 • 978-89-89080-22-0 03100
ISBN 8 • 89-89080-22-3 03100

# 다시 쓰는 그리스 신화

김 길 수

소 피 아

# 들어가는 말

이 책은 그리스 신화와 관련된 내용을 다루고 있다. 우리는 신화, 그것도 그리스 신화로부터 무엇을 얻고자 하는가?

우리는 일반적으로 신화시대를 현대의 과학시대와 비교하기를 좋아한다. 그러면서 과학시대의 특징을 이성적, 합리적인 시대라고 하는 반면 신화시대를 비이성적, 비합리적, 미신적, 신비적인 시대라고 규정한다. 그러나 이와 같은 분류는 지금 우리의 시기를 기준으로 했을 때 그렇게 보일뿐이다. 오늘날과 같이 변화의 속도가 빠른 상황에서 만약 500년 혹은 200년 후의 우리의 후손들이 지금 우리의 시기를 돌이켜 본다면 그들의 눈에도 여전히 지금 우리의 시기가 과학적이며 합리적인 시대라고 이야기 될 수 있을까?

일출과 일몰 그리고 해안가로 파도가 밀려오는 현상들을 우리는 지구의 자전과 공전을 통해 설명할 수 있다. 그러나 지구의 자전과 공전이라는 과학적인 설명이 아직 제공되지 않았던 시대에도 매일같이 태양은 아침에 동쪽에서 떠올라서 저녁 무렵에 서쪽으로 사라졌고 바닷가에 나가면 물보라를 일으키는 파도를 볼 수 있었다. 그렇다면 당시의 사람들은 이러한 자연현상들을 어떻게 설명할 수 있었을까? 그들은 일출과 일몰을 새벽의 여신인 에오스가 새벽안개를 걷어주면 태양신 헬리오스가 태양마차를 몰고 아침에 동쪽 바다 끝에서 올라와 하늘을 반 바퀴 운행한 뒤 저녁 무렵에 서쪽 바다 끝으로 사라지는 것이라고 믿었다. 그리고 바다의 신 포세이돈이 4두 마차를 몰고 바다 위를 가로 지르면서 달릴 때 바닷물이 마차 바퀴에 의해 해안가로 밀려오는 것을 파도라고 믿었다. 당시에는 그 누구도 이러한 설명을 의심하지 않았고 미신적이라거나 신비적이라고도 생각하지 않았다.

결국 신화란 과학적인 설명이 제공되지 않았던 시대에 그 시대를 살아가던 사람들이 세상을 설명하고자 했던 가장 합리적인 방식이라고 할 수 있다. 따라서 우리는 신화를 통해 그 시대를 살던 사람들의 지적 호기심의 대상과 그들의 인생관뿐만 아니라 세계관까지도 이해할 수 있는 것이다. 과학시대를 살아가고 있는 우리가 신화시대의 사람들과 비교되는 신인류가 아니듯이 인간의 지성은 단절되어 있는 것이 아니기 때문에 우리는 신화를 통해 오늘날까지 이어지고 있는 인간의 상상력과 인간의 지성의 근원을 이해할 수 있게 된다.

그렇다면 왜 하필 그리스 신화인가? 우리에게도 단군 신화가 있고 세계에는 수많은 고대 신화들이 즐비한 상황에서 그리스 신화가 갖는 의미는 무엇인가?

그리스 신화는 현존하는 고대 신화들 중에서 그 원형이 가장 온전하게 보존되고 있는 신화라고 할 수 있다. 그리스 신화와 관련된 문헌들이 다른 신화들에 비해 오늘날까지 많이 전수되고 있는 이유도 있지만 그것이 전부는 아니다. 그 비밀은 바로 그리스 도자기에 있다. 고대 그리스 도자기들은 앞면과 뒷면을 정확하게 구분할 수 있다. 앞면에는 신과 관련된 그림이 조각되어 있고 뒷면에는 인간과 관련된 그림이 조각되어 있다. 신과 관련된 조각은 대단히 섬세한 반면 인간과 관련된 조각은 대부분 엉성하거나 거칠다. 그 당시를 살아가던 고대 그리스인들은 언제나 그 도자기를 통해 이전 세대로부터 자신들이 들었던 신화들을 다음 세대로 전해줄 수 있었던 것이다.

그리스 신화는 서구 정신의 근원에 해당한다. 오늘날의 서구 정신은 헬레니즘Hellenism과 헤브라이즘Hebraism이라는 두 개의 축에 기초하고 있다. 헬레니즘은 그리스의 문화와 사상이며 헤브라이즘은 그리스도교의 문화와 사상이다. 헤브라이즘은 고대 유대인의 문화와 그리스도와 연관된 문화에 그리스적 문화가 결합됨으로써 형성된다. 그렇다면 헬레니즘의 시작은 언제부터인가? 헬레니즘이 마케도니아의 왕인 알렉산더의 동방 원정 이후 그리스의 고유한 문화가 오리엔트 문화와 융합하여 이룬 새로운 성격의 문화인 것은 분명하지만 그것이 헬레니즘의 뿌리는 아니다. 그렇다고 해서 그 시작을 플라톤이나 아리스토텔레스와 같은 철학자들의 활동 시기나 그 이전의 호메로스 생존 시기로 보기도 어렵다. 왜냐하면 앞에서도 이야기했듯이 인간의 지성과 문화가 단절된 것이 아니라는 생각의 끈을 놓지 않는다면 그리스의 고유한 문화를 가능하게 했던 것은 바로 그리스 신화이기 때문이다. 그러므로 그리스 신화는 헬레니즘 더 나아가 서구정신의 뿌리라고 할 수 있을 것이다.

따라서 우리는 그리스 신화를 통해 특정 지역의 오래된, 그렇고 그런 옛날 이야기를 다시 듣는 것이 아니라 인간의 상상력과 창조성을 음미할 수 있고 새로운 콘텐츠의 가능성을 모색해 볼 수 있다. 그리고 서구 정신의 뿌리를 다시 봄으로써 우리의 가치관이나 세계관을 타 문화의 그것과 비교하여 보다 더 크게 확장하거나 발전시킬 수 있는 것이다.

여러 가지 어려운 여건들 속에서도 이 책이 세상에 나올 수 있도록 최선을 다해 노력해 주신 모든 분들께 감사드린다. 그리고 부족한 사람에게 그리스 신화의 맛과 그리스 신화 속에 담겨진 의미를 하나씩 찾아갈 수 있도록 길라잡이를 해 주신 기 종석 교수님께도 지면을 통해서 감사의 말씀을 전해드리고 싶다. 마지막으로 언제나 곁에서 함께 해주는 사랑하는 아내와 딸에게도 고마움을 전한다.

2008 초가을

호수가 내려다보이는 연구실에서

다시 쓰는 그리스 신화

김길수

차 례

# 첫 번째 이야기

# 1

## 신화는 살아 있다!

그리스 신화는 죽어 있는 이야기가 아니다. 그리스 신화가 오늘날까지 수많은 콘텐츠로 어떻게 재생산되고 있는지를 알아보기 위해 몇 가지 예를 살펴보기로 하자.

1912년 1,513명의 사망자를 내고 북대서양으로 가라앉았던 초호화 여객선 타이타닉Titanic 호가 있다. 타이타닉 호는 당시의 가장 뛰어난 기술력과 화려함으로 건조되었지만 첫 출항에서 불행한 사고를 경험하고 만다. 그리스 신화와 관련해서 이야기하자면 타이타닉 호의 불행한 사고는 그 여객선의 이름을 타이타닉이라고 하는 순간부터 예견되어 있었는지도 모른다. 왜냐하면 타이타닉은 그리스 신화에 등장하는 티탄Titan 신의 이름에서 유래하기 때문이다. 티탄 신들은 제우스를 중심으로 하는 올림포스 신들이 세상을 지배하기 전에 이 세상을 다스리고 있었던 신들이다. 「신들의 세대 교체」에서 상세하게 이야기 하겠지만 티탄 신들은 자신들의 힘만을 믿고 하찮게 생각했던 올림포스 신들과의 전쟁에서 별다른 저항도 하지 못한 채 패배하게 된다. 그 결과 자신들이 가지고 있었던 세상에 대한 지배권을 올림포스 신들에게 넘겨주고 세상의 뒤로 물러나게 된다. 그러한 티탄 신들의 이름을 그대로 빌려 온 타이타닉 호 역시 기술력과 화려함으로 주목을 받았지만 첫 출항에서 하찮게 여겼던 빙산과 충돌함으로써 침몰하고 만 것이다.

니케 여신

세계적인 스포츠 용품 회사인 나이키Nike는 그리스 신화의 니케Nike 여신의 이름을 그대로 빌려온 것이다. 니케 여신은 승리의 여신이며 크고 화려한 날개를 달고 매우 빠르게 나는 모습으로 유명하다. 따라서 나이키 사는 자신들의 회사에서 생산한 용품을 착용하고 출전하는 모든 경기는 니케 여신의 보호를 통해 승리할 수 있다는 의미를 전달하고 있다. 그리고 나이키 사의 로고는 니케 여신의 날개 모양에서 영감을 받아 만들어진 것이다.

이지스 구축함

최첨단 방어체계인 이지스 시스템을 탑재한 이지스Aegis 구축함은 지혜의 여신이자 정의로운 전쟁의 여신인 아테나가 사용하는 방패 아이기스Aigis의 이름을 그대로 따온 것이다. 아이기스는 본래 제우스의 방패였다. 그런데 제우스는 아테나 여신에게 아이기스에 대한 독점적인 사용권을 허락함으로써 그로부터 아이기스는 아테나 여신의 방패로 불리게 된다. 아테나 여신의 방패가 된 후 아이기스 정중앙에 페르세우스에 의해 메두사의 머리가 붙여지게 된다. 메두사는 누구든지 쳐다보기만 하면 돌로 변하게 만드는 괴물이다. 아이기스는 본래 제우스의 방패였기 때문에 무적의 방패였지만 메두사의 머리가 정중앙에 붙여짐으로써 누구든지 쳐다보기만 하면 돌로 변하게 만드는 말 그대로 천하무적의 방패가 된다. 가장 완전한 방어체계로 무장했다는 이지스 함은 바로 천하무적의 방패 아이기스의 이름을 그대로 따온 것이다.

아테나 여신의 방패 아이기스

우리나라에서 판매되고 있는 음료 중에 박카스는 그리스 신화에 등장하는 디오뉘소스Dionysos의 이름에서 유래한다. 디오뉘소스는 포도와 포도주를 주재하는 신으로 머리에 포도넝쿨 관을 쓰고 있으며 손에 든 홀笏 끝에 포도넝쿨이 휘감겨 있는 상징을 하고 있다. 이 디오뉘소스 신은 박코스Bakchos라고도 불렸는데 후에 로마 신화에서는 바쿠스Bacchus라는 이름으로 전해진다. 이 바쿠스라는 이름으로부터 박카스라는 음료의 이름이 만들어지게 된 것이다. 디오뉘소스가 주재하는 포도와 포도주는 생명력과 젊음을 상징한다.

미국 대통령의 휘장 역시 그리스 신화와 관련이 있다. 미국 대통령의 휘장 안에 있는 독수리에 주목할 필요가 있다. 독수리는 미국 대통령의 휘장으로 사용될 뿐만 아니라 미국의 국조國鳥이기도 하다. 그리스 신화에서 독수리는 제우스의 신조神鳥였다. 고대 그리스인들에게 독수리는 가장 높이 날고 가장 빠른 새로 여겨졌다. 그들은 하늘에서 독수리가 선회하면 제우스의 뜻이 인간 세상에 전해지고 있다고 생각했던 것이다. 그래서 고대 그리스인들은 독수리를 제우스의 절대 권력 다시 말해 세상에 대한 지배권을 상징하는 새라고 믿었던 것이다.

그리스 신화를 다루면서 조심

디오뉘소스

해야 할 부분이 있다. 그것은 그리스 신들을 인간과 너무나 유사한 모습으로 이해하려는 생각이다. 실제로 그리스 신화를 보면 신들 역시 인간과 마찬가지로 서로 사랑하고 미워하며 질투를 느끼고 투쟁하는 모습들을 보여준다. 이러한 모습은 고대 그리스인들이 자신들의 모습을 신에게 그대로 투영하고 있기 때문에 당연한 것일지도 모른다. 그러나 그리스 신화에서는 신과 인간 사이의 분명한 경계가 있다. 무엇보다도 신과 인간의 가장 큰 차이는 삶의 유한성과 관련된 것이다. 신은 불멸의 존재이지만 인간은 죽을 수밖에 없는 존재이다. 인간은 땅 위에서 살아가지만 신은 기본적으로 하늘에 있다. 그리스인들에게 하늘은 불멸의 공간이었으며 땅은 죽을 수밖에 없는 것들의 거처였다. 그렇기 때문에 신들은 죽음의 요소가 깃든 땅에서 길러진 음식을 취하지 않는다. 신들은 자신들의 음식인 암브로시아ambrosia를 먹고 자신들의 음료인 넥타르nectar를 마신다. 신들은 이 암

제우스와 그의 신조인 독수리

미국 대통령의 휘장

브로시아와 넥타르를 통해 불멸의 에너지를 얻게 되고 그로 인해 자신이 주재하는 일들을 돌볼 수 있는 것이다. 만약 어떤 신이 암브로시아를 먹지도 넥타르를 마시지도 못한다면 그 신은 겨우 숨만 쉬고 살아가는 존재일 수밖에 없다.

이처럼 신화시대에는 신과 인간 사이에 엄연한 차이와 구별이 있었다. 신들은 네 마리의 말이 끄는 4두 마차를 탔지만 인간은 두 마리의 말이 끄는 2두 마차를 탔다. 인간들 중에서 처음으로 4두 마차를 탔던 부류는 로마의 황제들이었다. 뿐만 아니라 로마의 황제들은 독수리를 자신들의 상징으로 사용하기 시작했다. 그렇게 함으로써 로마의 황제들은 자신들이 세상에 대한 절대적인 지배권을 행사하고 있음을 드러냈던 것이다. 그리고 그러한 전통은 인류의 역사를 통해 제국주의의 통치자들에게도 그대로 나타난다. 이렇게 세상에 대한 절대적인 지배권을 의미하는 제우스의 독수리는 로마 황제들과 제국주의의 통치자들을 거쳐 오늘날 미국 대통령의 휘장 속에서 날고 있는 것이다.

카리테스 3자매

그리스 신화에는 수와 관련된 감춰진 비밀들이 몇 가지 있다. 수와 관련된 관념들은 우리나라 사람들이 '4'에 대해서 가지고 있는 관념과 마찬가지로 지금까지 서구인들에게 그대로 남아 있다.

첫 번째 비밀의 수는 '3' 이다. 탁자를 넘어지지 않게 안전하게 세우려면 몇 개의 기둥만 있으면 될까? 바로 세 개이다. 그리스 신화에서 3은 안전수이다. 그리스 신화에 등장하는 형제와 자매들은 하나의 경우를 제외하면 모두 3형제 아니면 3자매이다. 셋이면 자신들이 주재하는 일을 가장 안전하게 수행할 수 있기 때문이다. 이러한 전통은 지금까지도 그대로 이어지고 있는데 〔해리포터 시리즈〕에 등장하는 주인공의 수를 생각해 보라.

두 번째 비밀의 수는 '9' 이다. 그리스 신화에서 9는 고난과 시련을 상징한다. 그리스 신화에서 3형제나 3자매가 아닌 하나의 예외가 바로 뮤즈들Muses이라고 불리는 무사이Mousai 9자매이다. 무사이 9자매는 제우스와 기억의 여신인 므네모쉬네Mnemosyne 사이에서 탄생한 여신들로 문학과 예술뿐만 아니라 웅변, 설득, 역사, 수학, 천문학과

무사이인 우라니아와 칼리오페

같은 모든 형태의 사고까지도 주재했던 여신들이다. 무사이 여신들이 9자매인 까닭은 문학이나 예술과 같은 창작행위와 사고가 고난과 시련을 통한 결과물임을 의미한다. 이 무사이 여신들의 거처인 신궁이 바로 뮤지움Museum이다. 그래서 박물관에 가게 되면 이전 시대의 모든 문학과 예술 그리고 모든 형태의 사고의 결과물들을 볼 수 있는 것이다. [반지의 제왕]이라는 영화에서 반지 원정대는 모두 9명으로 구성된다. 그것은 그들의 앞으로의 행로가 순탄치 않을 것이며 고난과 시련의 연속으로 이어질 것을 암시하는 것이다.

마지막 비밀의 수는 '10'과 '12'이다. 10과 12는 모두 완전수이다. 그리스 신화에 등장하는 주신主神의 수는 언제나 열둘인데 그 이유는 열둘이면 세상을 가장 완전하게 지배할 수 있기 때문이다. 12를 완전수로 보는 전통에 따라 지금까지도 1년은 12달이고 하루는 12시간이 두 번 반복되고 있다.

뿐만 아니라 태양계의 모든 행성은 그리스 신들의 이름에서 유래하고 있다. 태양은 태양 신 아폴론Apollon, 수성Mercury은 로마 신화에서 메르퀴리우스Mercurius라고 불린 제우스의 전령 신 헤르메스Hermes, 금성Venus은 로마 신화에서 베누스Venus라고 불린 아름다움의 여신 아프로디테Aphrodite, 지구는 자애로운 어머니 신인 가이아Gaia, 화성Mars은 로마 신화에서 마르스Mars라고 불린 전쟁의 신 아레스Ares, 가

올림포스 12주신

장 큰 행성인 목성Jupiter은 로마 신화에서 유피테르Jupiter라고 불린 제우스Zeus, 토성Saturn은 로마 신화에서 사투르누스Saturnus라고 불린 시간의 신 크로노스Cronos, 천왕성Uranus은 로마 신화에서 우라누스Uranus라고 불린 하늘의 신 우라노스Uranos, 해왕성Neptune은 로마 신화에서 넵튀누스Neptunus라고 불린 바다의 신 포세이돈Poseidon, 그리고 다소 논란의 여지가 있지만 명왕성Pluto은 로마 신화에서 플루토Pluto라고 불린 지하세계의 신 하데스Hades의 이름에서 각각 유래하는 것이다.

이처럼 그리스 신화는 지금까지도 생생하게 수많은 콘텐츠의 보물창고로 사용되고 있으며 우리의 삶 속에서 우리의 삶과 함께 살아 있다!

# 두 번째 이야기

# 2

## 신들의 출현

그리스 신들에 대한 이야기를 하기에 앞서 신화 시대를 살았던 고대 그리스인들이 실제로 어떤 세계관을 가지고 있었는지를 먼저 살펴볼 필요가 있을 것이다.

고대 그리스인들은 지구를 평평한 원반 모양이라고 생각하고 있었다. 이러한 생각은 고대 그리스인들뿐만 아니라 코페르니쿠스의 학설이 받아들여지기 전까지 오랫동안 유지되었던 입장이었다. 고대 그리스인들은 이 평평한 원반 모양을 한 지구의 한복판에 그리스가 위치하고 있다고 믿었다. 그리스의 중심점이자 세상의 중심점은 파르나쏘스 산 옆에 있는 델포이이다. 그 이유는 델포이에 옴파로스Omphalos가 있기 때문이다. 옴파로스란 그리스어로 '배꼽'이나 '중심점'을 의미한다. 그리스 신화에 의하면 제우스가 세상의 동쪽 끝과 서쪽 끝에서 자신의 신조인 독수리 두 마리를 세상의 중심을 향해 동시에 날려 보내는데 이 두 마리의 독수리가 같은 속도로 날아와서 만난 지점에 옴파로스를 세웠다고 한다. 그래서 옴파로스가 세워진 델포이는 그리스의 중심점이자 세상의 중심점인 것이다. 델포이에는

그리스의
중심점이자
세계의 중심인
옴파로스

아폴론 성지도 있는데 이곳에 아폴론의 신탁소가 위치하고 있다. 아폴론의 신탁소는 인간에게 신의 뜻을 전하는 곳이자 인간의 물음에 답하는 곳이다. 그래서 고대 그리스인들은 신의 뜻을 받거나 자신의 삶과 관련된 중요한 물음의 해답을 구하기 위해 이곳을 찾을 정도로 델포이는 그들에게 영험하며 신성한 장소였다.

지구의 한복판에 위치한 그리스를 둘러싸고 있는 바다는 세상의 가운데를 흐르면서 세상을 동과 서로 구분 지워주는 역할을 한다. 그래서 그 바다의 이름은 지중해地中海라고 불린다. 지중해는 '호수같이 잔잔한 바다' 이다. 왼쪽으로는 유럽대륙이 오른쪽으로는 아시아대륙이 아래쪽으로는 아프리카대륙이 자연 방파제의 역할을 하고 있기 때문이다. 그리스인들은 호수같이 잔잔한 바다인 지중해를 접하고 있었기 때문에 일찍부터 해상활동을 시작할 수 있었고 다른 문화와의 교류 또한 가능할 수 있었을 것이다. 지도에서 보듯이 그리스의 주요 폴리스들과 동방의 식민지들은 해안에 위치하고 있다. 그것은 그리스 내륙이

고대 그리스의 지도

험준한 지형으로 이루어져 있다는 이유도 있었겠지만 그들이 바로 지중해를 접하고 있었기 때문이다. 또한 고대 그리스인들은 평평한 원반 모양을 한 지구의 둘레를 대양의 신이었던 오케아노스Oceanos가 강처럼 에워싸서 흐르고 있다고 생각했다. 이러한 생각은 오랫동안 이어져 중세의 뱃사람들 사이에서는 배를 타고 너무 멀리 나가면 다시는 돌아올 수 없는 깊은 바다에 빠진다고 여겨지기도 했다.

이제부터 그리스 신화에 등장하는 신들에 대한 이야기를 시작해 보도록 하자. 그리스 신화에 등장하는 이 세상 최초의 신은 카오스Chaos이다. 현대 물리학에서 이야기하는 '카오스 이론' 역시 그리스 신화에 등장하는 최초의 신의 이름을 따온 것이다. 카오스는 이 세상에 질서가 부여되기 이전에 있었던 신이다. 그렇다고 해서 카오스를 일반적으로 이야기되듯이 무질서나 혼돈으로 생각해서는 안 된다. 카오스는 다른 그리스 신들과 달리 형체가 없는 신이었지만 분명히 신성을 지닌 신이었다. 그렇다면 카오스는 무엇인가를 터뜨려낼 수 있는 나름의 질서와 규칙성을 지닌 에너지로 가득 찬 상태로 이해하여야 할 것이다. 이 카오스로부터 암흑의 신인 에레보스Erebos와 밤의 여신인 뉙스Nyx가 터뜨려져 나온다. 그리고 에레보스와 뉙스의 결합을 통해 대기의 신인 아이테르Aether와 낮의 여신인 헤메라Hemera가 탄생한다.

헤시오도스Hesiodos의 『신통기』*Theogony* 116~122행에 따르면, 카오스 다음으로 카오스가 에로보스와 뉙스를 터뜨려내기 전에 대지의 여신이자 자애로운 어머니 여신인 가이아Gaia가 있었다. 그러나 가이아는 카오스나 다른 어떤 신으로부터 탄생한 신이 아니라 스스로 생명을 얻은 여신이다. 가이아 여신은 아무런 남신의 도움 없이 대지를 덮는 하늘의 신인 우라노스Uranos를 탄생시킨다. 이렇게 해서 세상은 하늘과 땅 사이에 낮과 밤과 어둠과 대기가 있는 오늘날과 같은 구조를 띠게 된다. 그리고 우라노스와 가이아가 결합하여 12남매를 탄생시키게 되는데 이들이 바로 올림포스 신들 이전에 이 세상을 지배하게 되는 티탄Titan 12주신들이다. 티탄 12주신은 티타네스

가이아 여신을 형상화한 토기

Titanes라고 불린 여섯의 아들과 티타니데스Titanides라고 불린 여섯의 딸들로 구성되어 있다. 티타네스는 오케아노스Oceanos, 코이오스Coeos, 크리오스Crios, 휘페리온Hyperion, 이아페토스Iapetos, 크로노스Cronos 등이며, 티타니데스는 테이아Theia, 레이아Rheia, 테미스Themis, 므네모쉬네Mnemosyne, 포이베Phoebe, 테튀스Tethys 등이다. 이들 티탄 12 주신들은 상호 결합을 통해 세상에 수많은 신들을 탄생시킨다.

그리스 신화에서는 이처럼 남매나 친족 사이의 결합을 많이 찾아볼 수 있다. 그렇다고 해서 그리스 신화를 도덕적으로 비난하는 것은 올바르지 못하다. 왜냐하면 신들의 수가 한정되어 있었던 당시의 상황을 생각해 보면 쉽게 이해될 수 있기 때문이다. 또한 인류 역사에서 같은 종족 사이에서 혼인이 이루어지는 족내혼이 같은 종족 사이의 결합을 금하고 다른 종족 사람과 혼인하게 하는 족외혼보다 먼저 있었으며 오랫동안 유지되어 왔다는 사실을 상기해 볼 필요가 있다. 이처럼 과거의 것을 오늘날의 기준으로 그 옳고 그름을 판단하는 데에는 잘못이 있을 수 있는데 그것은 그리스 신화를 분석하고 해석하는 데에도 마찬가지이다. 오히려 과거의 것을 통해 그 시대를 살아가던 사람들의 세계관을 이해하려고 노력하는 자세가 필요할 것이다.

오케아노스는 가이아와 우라노스로부터 탄생한 맏아들이며 대양의 신이자 모든 강의 아버지이다. 강이 바다와 관련되는 것은 당연하다. 모든 강은 흘러 결국 바다에 이르게 되는데 대양의 신이 자신의 영역으로 들어오지 못하게 막는 강이 있다면 그 강물은 결국 고여서 썩을 수밖에 없게 되기 때문이다. 따라서 대양의 신은 곧 모든 강의 아버지이자 주신이기도 하다. 오케아노스는 바다의 여성적 생산력을 상징하는 테뒤스 여신과 결합하여 수많은 자식들을 탄생시킨다. 그들에게서 태어난 아들로는 네일로스, 알페이오스, 에리다노스, 스트리몬, 마이안드로스, 이스트로스, 파시스, 레소스, 아켈로오스, 네소스, 로디오스, 할리아크몬, 헵타포로스, 그라니코스, 아이세푸스, 시모에이스, 페네이오스, 헤르모스, 카이코스, 상가리오스, 라돈, 파르테니오스, 에우에노스, 아르데스코스, 스카만드로스 등이 있고, 딸들로는 스튁스, 페이토, 아드메테, 이안테, 엘렉트라, 도리스, 프림노, 우라니아, 히포, 클뤼메네, 로대이아, 칼리로에, 제욱소, 클리티에, 이디이아, 파시토에, 플렉사우레, 갈락사우레, 디오네, 멜로보시스, 토에, 폴리도레, 케르케이스, 플루토, 페르세이스, 이아네이라, 악사스테, 크산테, 페트라이아, 메네스토, 에우로페, 메티스, 에우리노메, 텔레스토, 크리세이스, 아시아, 칼립소, 에우도레, 티케, 암피로, 오키로에 등이 있다. 이 외에도 무려 3천의 강들이 태어난다.

이 중에서 메티스Metis 여신과 스튁스Styx 여신을 기억할 필요가 있다. 메티스는 지혜로운 충고의 여신으로 제우스에게 두 번의 지혜로운 충고를 하게 되며 제우스와 결합하여 아테나 여신을 잉태하게 된다. 그러나 메티스 여신은 아테나를 잉태할 뿐 세상에 탄생시키지는 못한다.

스튁스는 지하세계에 흐르고 있는 강이다. 이 스튁스 여신은 돌이나 쇠붙이처럼 생명 없는 것을 그 강물에 담그면 그것을 녹여낼 정도로 대단히 강력한 힘을 지녔던 것으로 알려져 있다. 그러나 생명 있는 것이 그 강물에 몸을 담그면 강물이 묻은 모든 곳에 불사의 은혜를 받게 되는 신비스러운 능력도 지니고 있었다. 트로이아 전쟁 때 그리스 연합군의 영웅이었던 아킬레우스는 태어나자마자 어머니 테티스 여신에 의해 스튁스 강에 몸이 담겨져 불사의 은혜를 받게 된다. 스튁스와 관련되는 또 다른 신화는 올림포스 신들의 맹세의 강이었다는 전승이다. 인간이나 하급 신들이 맹세를 할 때에는 제우스나 12 주신들에게 걸고 할 수 있다. 그러나 제우스나 주신들 그리고 버금 신들은 어떻게 맹세할 수 있었을까? 제우스는 대신이 된 이후 무지개의 여신인 이리스Iris에게 스튁스 강물을 한 병 떠서 올림포스로 가져오게 했다. 그리고 모든 주요 신들과 함께 그 스튁스 강물을 자신들의 맹세의 징표로 삼기로 합의한다. 그리하여 스튁스 강물은 제우스와 주요 신들이 엄숙히 맹세할 때 그 보증으로 사용하게 된다. 만일 스튁스 강에 걸고 한 맹세를 어기게 된다면 그로부터 9년 동안 어떤 암브로시아나 넥타르도 먹고 마실 수 없게 되며 신들의 모임이나 연회에도 참석할 수 없고 자신이 주재하는 일을 돌볼 수도 없게 된다. 이것은 제우스에게도 예외가 아니었다. 제우스는 스튁스 강에 걸고 한 맹세로 인해 자신이 사랑하는 인간의 여인인 세멜레가 눈앞에서 타 죽는 모습을 지켜볼 수밖에 없었다. 스튁스 강이 올림포스 신들의 맹세의 징표가 되었다는 이러한 신화로부터 그리스 신화 속에 녹아있는 평등이라는 의식을 찾아볼 수 있다.

코이오스는 포이베 여신과 결합하여 아폴론과 아르테미스의 어머니인 레토Leto 여신과 그녀의 언니인 아스테리아Asteria를 탄생시킨다.

휘페리온은 테이아 여신과 결합하여 태양 신 헬리오스Helios, 달의 여신 셀레네Selene, 새벽의 여신 에오스Eos를 탄생시킨다.

이아페토스는 오케아노스와 테튀스 여신의 딸인 클뤼메네와 결합하여 제우스로부터 지구의 축을 지는 형벌을 받는 아틀라스Atlas, 제우스의 불벼락을 맞고 타르타로스로 떨어지는 메노이티오스Menoitios, 인간에게 불과 지혜를 전해주고 그 벌로 독수리에게 간을 쪼이는 프로메테우스Prometheus, 최초의 인간 여성인 판도라Pandora와 혼인하는 에피메테우스Epimetheus를 탄생시킨다.

시간의 신이자 막내인 크로노스는 레이아 여신과 결합하여 헤스티아, 데메테르, 헤라, 하데스, 포세이돈, 제우스를 탄생시키고, 필뤼라와 결합하여 반인반마인 켄타우로스 케이론Cheiron을 낳는다.

법의 여신인 테미스는 제우스와 결합하여 계절의 여신들인 호라이Horae 3자매, 운명의 여신들인 모이라이Moerae 3자매, 정의의 여신인 아스트라이아Astraea와 에리다노스의 님프들을 탄생시킨다.

기억의 여신인 므네모쉬네는 제우스와 결합하여 무사이 9자매를 탄생시킨다. 칼리오페는 서사시, 클리오는 역사, 폴륌니아는 팬터마임, 에우테르페는 피리, 테르프시코라는 시와 춤, 에라토는 서정적인 합창, 멜포메네는 비극, 탈리아는 희극, 우라니아는 천문학을 각각 주재했다. 이 중 가장 격이 높은 칼리오페는 인간 중에서 가장 아름다운 목소리로 노래하고 뤼라 연주에 뛰어났다는 오르페우스를 낳는다.

우라노스와 가이아는 티탄 12주신만을 탄생시킨 것이 아니다. 그 외에도 그들은 퀴클로페스Cyclopes 3형제와 헤카톤케이레스Hecatoncheires 3형제를 탄생시킨다. 퀴클로페스 3형제는 그리스 신화에 등장하

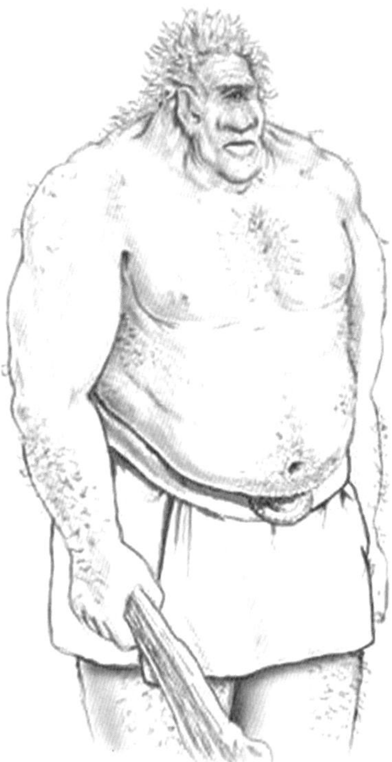
퀴클롭스

는 첫 번째 세대의 거인족이다. 그들의 이름이 퀴클로페스인 것은 이마 중앙에 눈이 하나만 있었기 때문이다. 이들은 모두 셋으로 브론테스Brontes, 스테로페스Sterope-s, 아르게스Arges라는 이름을 가졌으며 각기 천둥과 번개와 벼락을 주재했고 손재주가 뛰어났던 신들이다. 헤카톤케이레스는 한 몸에 100개의 팔과 50개의 머리를 가지고 있는 거인들이었다. 이들은 각각 코토스Cottos, 브리아레오스Briareos, 귀게스Gyges라는 이름으로 불리는데 무한하고 강력한 힘을 지녔던 신들이다. 이들 여섯 형제들은 태어나면서부터 아버지인 우라노스의 사랑을 받지 못했다. 왜냐하면 이들은 먼저 태어난 열두 자식들과 비교해 볼 때 너무나도 흉측한 외모를 가지고 있었기 때문이었다. 또한 이들 퀴클로페스 3형제와 헤카톤케이레스 3형제는 그 흉측한 외모 때문에 형제들과 누이들인 티탄 12주신들의 관심과 사랑도 받지 못했다. 그래서 이들 여섯 형제들은 어린 시절부터 아버지와 형제들과 누이들의 사랑을 간절히 원했음에도 불구하고 아무런 사랑도 받지 못한 슬픔을 간직하게 된다. 뿐만 아니라 그들은 물에 비친 자신들의 모습을 보면서 스스로 느끼는 비통함까지 더해져서 점점 성격과 행동들이 거칠어지기 시작했다. 그러자 이들의 난폭한 행동에 화가 난 우라노스는 퀴클로페스 3형제와 헤카톤케이레스 3형제를 빛 한 줄기 들지 않는 타르타로스Tartaros에 가두어 버렸다. 타르타로스는 지하세계인 하데스보다 더 아래에 있는 세상의 제일 깊은 곳으로 가장 큰 죄를 지은 자들이 가는 곳이다. 타르타로스는 가이아 여신의 뱃속 깊은 곳에 위치하고 있는데 이곳에 누구를 감금하거나 이곳으로부터 누구를 방면해 주는 권한은 오직 대신大神만이 가지고 있었다.

퀴클로페스 3형제와 헤카톤케이레스 3형제는 타르타로스에 감금된 후 계속해서 자신들을 방면해 줄 것을 요구하며 소동을 일으킨다. 그로 인해 가이아 여신은 엄청난 고통을 경험하게 된다. 가이아 여신으로서는 다른 열두 자식에 비해 더 애틋한 마음을 가지고 있었던 여섯 자식들이 남편인 우라노스에 의해 자신의 뱃속 깊은 곳에 가두어졌다는 사실로 인해 이미 엄청난 고통을 받은 상태이다. 그런데 그들이 계속해서 타르타로스에서 자신들의 방면을 요구하며 소동을 벌이자 이루 말할 수 없는 고통을 당하게 된다. 왜냐하면 그들이 타르타로스에서 소동을 벌인다는 것은 땅속 깊은 곳에서 천둥과 번개와 벼락을 일으킨다는 것이고 300개의 손이 수없이 진동을 울리는 것이기 때문이다. 고대 그리스인들은 이러한 신화를 통해 그리스 반도가 형성되는 초창기에 있었던 지각 활동을 설명하려고 했을 것이다.

엄청난 고통으로 괴로워하던 가이아는 퀴클로페스 3형제와 헤카톤케이레스 3형제를 풀어줄 결심을 하고 나머지 열두 자식들에게 누가 자신을 도울 것인지를 묻는다. 그러나 누구도 선뜻 어머니를 돕겠다고 나서지 않는다. 왜냐하면 그만큼 대신인 우라노스가 두려웠기 때문이고 만약 계획이 실패하게 된다면 자신 역시 타르타로스에 감금될 수 있기 때문이었다. 그때 막내인 크로노스가 어머니를 돕겠다고 나선다.

우라노스를 거세하는 크로노스

가이아는 자신의 몸속을 흐르고 있는 무쇠의 맥을 취해 날카로운 낫을 만들어 크로노스에게 준다. 가이아와 크로노스가 세운 계획은 우라노스를 거세하는 것이었다. 그리고 가이아와 크로노스는 모종의 약속을 나누게 된다. 만약 자신들의 계획이 성공한다면 가이아는 크로노스에게 대신의 지위를 약속하고 크로노스는 타르타로스에 대한 권리를 갖는 대신이 되어 어머니인 가이아의 고통의 원인이 된 여섯 동생들을 빛의 세계로 방면해 주겠다는 것이었다.

이제 밤이 되어 우라노스가 사방에서 대지를 감싸 안으며 가이아에게 다가오자 크로노스는 미리 준비하고 있던 낫으로 우라노스를 거세하게 된다. 우라노스가 입은 상처에서 피가 뿜어져 나와 일부는 땅 위로 일부는 바다 위로 흩뿌려진다. 땅 위 즉 가이아 여신의 배위에 떨어진 우라노스의 피에서 후에 복수의 여신인 에리뉘에스Erinyes 3자매와 거인족인 기간테스들이 태어나게 된다. 에리뉘에스 3자매는 날개를 달고 있었으며 머리칼에는 뱀들이 엉켜 있었고 손에는 횃불이나 채찍을 든 모습으로 묘사된다. 에리뉘에스 3자매는 어두운 밤이 되면 복수할 대상을 찾아가 그를 붙잡고 온갖 방법으로 고문하여 미치게 만드는 여신들이다. 이들의 중요한 역할 중 하나는 살인자를 벌하는 것이었다. 그리고 인간으로서 도저히 해서는 안 되는 패륜과 같은 죄를 처벌

에리뉘에스
3자매

했고 인간이 언젠가는 죽게 된다는 사실을 잊어버리게 만드는 오만에 대해서 처벌했다. 에리뉘에스 3자매는 '너그러운 여신들' 이라고도 불렸는데 이들을 그렇게 부른 이유는 행여나 나쁘게 불렀다가 화를 당하지 않도록 그 비위를 맞추기 위해서였다고 전해진다.

우라노스가 흘린 피의 일부가 바다 위로도 떨어지게 되는데 거대한 바다도 대신인 우라노스의 피를 희석시키지 못했다. 그래서 우라노스의 피는 바다 위에서 거품aphros이 되어 떠돌아다니다가 그곳으로부터 한 여신이 탄생하게 되는데 그 여신이 바로 아프로디테Aphrodite이다. 아프로디테를 그대로 번역하면 '거품에서 탄생한 여신' 이 된다. 바다 위 거품에서 탄생한 아프로디테 여신은 서풍의 신인 제퓌로스에 의해서 퀴프로스 해안가로 옮겨지게 되고 마중 나와 있던 호라이 여신이 준비한 옷을 입고 치장한 후 불멸의 존재들에게로 인도된다.

보티첼리가 1486년에 제작하여 현재 피렌체 우피치 미술관에 소장되어있는 [비너스의 탄생]이라는 작품은 아프로디테 여신의 탄생을 잘 묘사하고 있다. 그림에서 보듯이 왼편에 자신의 연인인 클로리스와 함께 있는 서풍의 신 제퓌로스가 아프로디테를 퀴프로스 해안가로 옮겨 주고 있다. 그리스 신화에는 대단히 많은 바람의 신들이 등장하지만 그 모든 바람의 신들 중에서 가장 강력한 신이 서풍의 신인 제퓌로스이다. 그리스에서는 서풍이 불어야만 지중해를 통해 동방으로 진출할 수 있다. 따라서 제퓌로스가 가장 강력한 바람 신이었다는 사실은 고대 그리스인들이 품었던 동방 진출의 의지를 유추해 볼 수 있게 한다. 오른편에 아프로디테 여신이 입을 옷을 준비하고 기다리고 있는 여신은 계절의 여신인 호라이 3자매 중 한 여신이다. 이 그림에서 호라이 여신이 등장하는 것은 아프로디테 여신의 탄생과 더불어 세상에 봄과 같은 기운이 움텄음을 암시하고 있다.

아프로디테 여신의 탄생

# 세 번째 이야기

# 3

## 신들의 세대 교체

## 1. 우라노스로부터 크로노스에게로

가이아 여신과 크로노스에 의해 거세당한 우라노스는 대신으로서의 권위와 힘을 상실하게 되었다. 그러자 가이아 여신은 약속대로 크로노스에게 대신의 지위를 허락한다. 이러한 가이아 여신의 결정에 대해 오케아노스를 비롯한 나머지 티탄신들 중 누구도 이의를 제기할 수 없었다. 그 이유는 가이아 여신이 도움을 청했을 때 크로노스를 제외한 누구도 그것에 응하지 않았기 때문이다. 이렇게 해서 우라노스가 가졌던 대신의 지위는 크로노스에게로 이양된다.

대신이 된 크로노스는 이제 어머니인 가이아 여신과의 약속을 지켜야만 한다. 크로노스는 자신이 대신이 된다면 가이아 여신의 고통의 원인인 퀴클로페스 3형제와 헤카톤케이레스 3형제를 타르타로스로부터 방면해 주겠다고 약속했었다. 하지만 크로노스는 그 약속을 지키지 않는다. 크로노스는 두려움을 느끼고 있었다. 만약 자신이 퀴클로페스 3형제와 헤카톤케이레스 3형제를 방면해 준다면 그들은 자신들을 빛의 세계로 회복시켜준 자가 우라노스라고 생각할 것이다. 그리고 이제는 자신들이 그렇게도 기대했던 아버지인 우라노스의 사랑을 받을 수 있을 것이라는 기대를 갖고 세상으로 올라올 것이다. 그런데 세상으로 올라온 그들이 우라노스가 거세되었다는 사실을 알게 된다면 어떻게 되겠는가? 그들은 영원히 우라노스로부터의 관심과 사랑을 받지 못하게 되는 것이다. 퀴클로페스 3형제와 헤카톤케이레스 3형제는 우라노스에게 애증의 감정을 가지고 있었다. 그렇다면 그들은 우라노스를 그렇게 만든 크로노스에게 자신들을 방면해 주었다는 감사의 마음보다는 우라노스에 대한 복수의 마음을 품을 수 있을 것이다. 크로노스는 바로 그것을 두려워했기 때문에 가이아 여신과의 약속을 지키지 않게 된다.

가이아 여신은 남편이었던 우라노스를 거세하면서까지 자신의 자식들을 구해주려고 했지만 그 약속이 지켜지지 않자 크로노스에게 무서운 예언을 하게 된다. 가이아 여신은 수많은 예언을 계시한 것으로 알려져 있다. 가이아 여신의 예언은 주로 신들과 관련된 것이었는데 그녀는 운명의 비밀들을 쥐고 있었기 때문이었다. 가이아 여신이 크로노스에게 남긴 예언은 '너 역시 네 자식들 중 하나에 의해 너의 자리를 빼앗기게 될 것' 이라는 내용이었다. 그것은 크로노스가 우라노스에게 했던 것처럼 크로노스도 자식들 중 누군가에 의해 대신의 지위를 빼앗기게 될 것임을 암시한다.

크로노스는 대신이 된 후 레이아 여신과 혼인하게 된다. 크로노스는 레이아와의 사이에서 헤스티아, 데메테르, 헤라, 하데스, 포세이돈, 제우스를 탄생시키게 되는데 장녀인 헤스티아가 태어나자마자 즉시 자신의 뱃속으로 삼켜버린다. 크로노스는 가이아 여신이 남긴 예언이 두려웠기 때문이었다. 크로노스는 데메테르, 헤라, 하데스, 포세이돈도 그렇게 삼켜버린다. 자식들을 잃은 것에 화가 난 레이아 여신은 가이

크로노스에게
배내옷에 싸인
돌을 건네는
레이아 여신

아 여신을 찾아가 막내인 제우스를 구할 방법을 묻게 된다. 가이아 여신은 레이아 여신에게 운명의 비밀을 알려 준다. 그래서 제우스를 잉태한 레이아 여신은 크레테 섬으로 가서 딕테 산에서 비밀리에 제우스를 낳는다. 그리고 레이아 여신은 갓 태어난 제우스 크기의 돌을 배내옷에 싸서 크로노스에게 건네주고 크로노스는 그것을 제우스로 알고 자신의 뱃속으로 삼키고 만다.

## 2. 크로노스로부터 제우스에게로

레이아 여신에 의해 크로노스에게 삼켜질 위험을 면한 제우스는 어머니의 보살핌을 받으면서 성장하지 못했다. 레이아 여신은 크로노스

아말테레이아
의 보살핌을
받는 제우스

의 눈을 피하기 위해 제우스를 트로이아 인근의 이데 산으로 보낸다. 제우스는 그곳에서 아말테레이아의 보살핌을 받으면서 성장한다. 아말테레이아는 산양을 돌보는 님프이다. 제우스에게는 여러 가지 별칭이 있는데 '산양 젖을 먹고 자란 자' 라는 별칭은 바로 이 때문에 생긴 것이다. 제우스는 이데 산에서 죽은 암염소의 가죽으로 자신의 방패를 만드는데 그것이 바로 아이기스이다. 제우스의 무적의 방패 아이기스가 염소 가죽으로 만들어졌다는 이러한 신화는 청동기시대의 고대 그리스인들에 의해 만들어진 신화임을 짐작하게 해 준다.

제우스는 장성한 후 지혜로운 충고의 여신인 메티스Metis를 찾아가서 그녀로부터 자신의 형들과 누이들을 구할 수 있는 조언과 함께 먹은 것을 토하게 하는 약을 받는다. 그리고 제우스는 메티스 여신의 조언대로 어머니 레이아 여신을 찾아가 크로노스의 시중으로 써 줄 것을 청한다. 크로노스의 시중이 된 제우스는 그날부터 매일 크로노스가 먹고 마시는 암브로시아와 넥타르에 눈치 채지 못할 만큼의 소량의 토제를 섞는다. 그러던 어느 날 크로노스는 결국 지금까지 먹었던 모든 암브로시아와 넥타르와 함께 뱃속에 삼켰던 다섯 자식들을 토해내게 된다. 이때 제우스는 이미 장성한 상태였으나 다른 형제와 누이들은 크로노스에게 삼켜질 당시의 모습 그대로였다. 그래서 제우스에게는 '나중에 태어났으나 먼저 된 자' 라는 또 다른 별칭이 전해진다.

크로노스는 가이아 여신의 예언대로 제우스에 의해 자신의 권위와 힘을 상실하게 된다. 왜냐하면 그리스 신들은 암브로시아와 넥타르를 통해 불멸의 에너지를 얻게 되는데 크로노스는 그러한 암브로시아와 넥타르를 모두 토해냈기 때문이다. 신화에 의하면 권위와 힘을 상실한 크로노스는 제우스에 의해 아무도 모르는 세상 끝에 유폐되었다고 한다.

여기에서 우리는 고대 그리스인들의 시간과 관련된 관념을 유추해 볼 수 있다. 먼저 크로노스의 조각상은 다소 특이한 모습을 하고 있다. 크로노스는 어깨까지 닿는 대단히 풍성하며 웨이브가 좋은 머리칼을 가지고 있는데 정수리 뒤편으로는 머리카락이 한 가닥도 없다. 이러한 크로노스의 조각상을 통해 고대 그리스인들은 다가오는 시간은 언제든지 잡아서 기회로 삼을 수 있지만 지나간 시간은 아무리해도 되돌릴 수 없다는 생각을 나타내려 했던 것이다. 그리고 크로노스가 제우스에 의해 아무도 모르는 세상 끝에 유폐되었다는 신화는 인간에게 시간이란 앎의 대상이 아니라는 의미로 다가온다.

가이아 여신의 입장에서 볼 때 제우스는 자신의 손자임과 동시에 자신의 예언을 이루어준 자이다. 그래서 가이아 여신은 제우스에게 대신

올림포스 산

의 지위를 인정하게 된다.

제우스가 새로운 대신으로 등극하지만 당시 세상에 대한 지배권을 행사하고 있는 주신들은 여전히 크로노스의 형제와 남매들인 티탄 신들이었다. 티탄 신들은 크로노스가 대신이 되었을 때에는 별다른 이견이 없었지만 자신들의 다음 세대인 제우스를 대신으로 인정하기란 쉽지 않았다. 그래서 제우스는 당시 주신들의 거처였던 오르튀스 산 정상 위 하늘의 신궁을 떠나 자신이 구해낸 형제와 누이들 그리고 자신을 따르는 신들과 함께 올림포스 산으로 가서 그곳 정상 위 하늘에 신궁을 건설하게 된다. 그리스 신화에서 이야기되는 올림포스 신들이란 바로 이곳에서 그 이름이 유래되는 것이다. 하지만 그렇다고 해서 대신인 제우스와 주신인 티탄 신들 사이의 갈등이 사라진 것은 아니다.

이제 메티스 여신은 제우스에게 두 번째 지혜로운 충고를 하게 되는데 앞으로 있게 될 티탄 신들과의 전쟁에 대비하라는 것이었다.

## 3. 신들의 전쟁

제우스를 중심으로 하는 올림포스 신들의 시대는 9년 동안 이어진 세 번의 힘겨운 전쟁을 겪고 나서야 비로소 펼쳐지게 된다. 그 세 번의 전쟁은 티탄 신들과의 전쟁, 기간테스와의 전쟁, 튀폰과의 전쟁 등이다.

먼저 제우스는 메티스 여신의 충고대로 티탄 신들과의 갈등으로 인한 전쟁을 피할 수 없음을 알고 가이아 여신을 찾아가 그녀로부터 앞으로 있게 될 전쟁에 대비할 조언을 구하게 된다. 가이아 여신은 제우스에게 티탄 신들이 두려워하는 자들을 동조 세력으로 규합하라고 방편을 일러준다. 그들은 바로 아직도 타르타로스에 감금되어 있는 퀴클로페스 3형제와 헤카톤케이레스 3형제들이었다. 제우스는 타르타로스에 대한 권한을 가진 대신이었기 때문에 가이아 여신의 조언대로 그들을 빛의 세계로 방면해 준다.

퀴클로페스 3형제와 헤카톤케이레스 3형제는 아버지 우라노스의 부름인 줄 알고 세상으로 다시 올라오지만 우라노스는 모든 권위와 힘을 상실한 상태였다. 그래서 아버지에 대한 복수를 하려고 했지만 그 복수는 이미 제우스가 대신 한 상태였다. 그리고 제우스가 아니었다면 그들은 영원히 캄캄한 타르타로스에 감금되어 있을 형편이었다. 결국 그들은 자신들을 구해 준 제우스와 함께 티탄 신들과의 전쟁에 대비하기로 한다.

손재주가 뛰어났던 퀴클로페스 3형제는 올림포스 신들에게 각자의 능력에 맞는 무기들을 제작해 준다. 제우스의 불벼락도 퀴클로페스 3형제가 이때 만들어 준 것이다. 제우스의 불벼락은 천둥과 벼락과 번개를 사용하는 퀴클로페스 3형제가 함께 힘을 모아 만든 무기이다. 그로 인해 제우스는 천둥과 벼락과 번개를 자유자재로 사용할 수 있게 된다. 이들은 또한 하데스에게 퀴니에kynee를 만들어 주는데 그것은 머리에 쓰면 형체가 보이지 않는 투구였다. 그리고 포세이돈에게는 바람과 구름과 비를 모을 수 있고 파도를 일으킬 수 있는 삼지창triaina을 만들어 준다. 이러한 무기들은 모두 지금껏 경험해 보지 못했던 전혀 새로운 것들이었다.

그때까지 티탄 신들은 자신들이 마음만 먹으면 언제든지 제우스와 그 추종 세력들을 제압할 수 있다고 생각하고 있었다. 그러던 중 올림포스를 공격하기로 마음먹고 오르튀스 산을 내려오게 된다. 여기서 한 가지 생각할 것은 신들도 전쟁은 주로 땅에서 했다는 사실이다. 왜냐하면 하늘은 불멸의 영역인데 비해 땅은 죽음의 요소가 깃든 곳이기 때문이다.

오르튀스 산을 내려오는 티탄 신들을 향해 제우스가 불벼락을 던지자 이에 놀란 티탄 신들은 다시 자신들의 신궁으로 돌아가기 위해 산을 올라간다. 이때 미리 준비하고 있던 헤카톤케이레스 3형제들이 300개의 손으로 산을 오르는 티탄 신들을 향해 거대한 바위들을 굴려 그들을 모두 산채로 묻어 버린다. 티탄 신들은 제대로 싸워보지도 못한 채 패배하고 말았다. 티탄 신들과의 전쟁에서 승리한 제우스는 티탄 신들이 가지고 있던 세상에 대한 지위와 권능을 올림포스 신들에게 나누어 주었다. 이렇게 해서 신들의 세대교체가 이루어진다.

이제 지하세계의 주인이 된 하데스는 제우스의 명령에 따라 바위 아래에 묻힌 티탄 신들을 모두 묶어 타르타로스에 감금하고 바다와 모든 강의 주인이 된 포세이돈은 강을 끌어들여 타르타로스 앞을 흐르게 한다. 아틀라스가 지구의 지축을 짊어지는 형벌을 받는 것도 이때인데 그는 티탄 신의 선봉장이었기 때문이다.

지구의 지축을 짊어지고 있는 아틀라스

그러나 제우스와 올림포스 신들의 승리는 곧 도전을 받았다. 자식들을 구하기 위해 남편까지도 거세했던 가이아 여신으로서는 자신의 또 다른 자식들이 제우스에 의해 타르타로스에 가두어졌다는 사실을 받아들일 수 없었던 것이다. 가이아 여신은 제우스와 올림포스 신들에게 복수를 결심한다. 그래서 가이아 여신은 우라노스가 거세되면서 자신의 배 위에 흘렸던 피로부터 거인족인 기간테스 Gigantes를 만들어낸다. 거인giant이라는 단어는 기간테스에서 유래하는 것이다. 기간테스는 불사의 존재는 아니었지만 거대한 체구에 엄청난 힘과 끔찍스러운 외모를 하고 있었다. [반지의 제왕]이라는 영화에서 마법사인 사우론이 진흙에서 오크를 만들어내는 것은 기간테스의 출현을 현대적으로 형상화한 것이다.

기간테스는 태어나자마자 불붙은 나무들과 커다란 바위들을 던지면서 올림포스를 위협했다. 치열한 전쟁이 계속되던 중 운명의 신들에 의해 '이 전쟁에서 승리하기 위해서는 인간의 도움이 있어야 한다'는 조건이 부과된다. 이 조건을 충족시키기 위해 제우스의 아들이자 인간의 가장 뛰어난 영웅인 헤라클레스가 참전한다. 헤라클레스는 주로 제우스의 전차에서 기간테스에게 활을 쏘았는데 그의 활에 의해 기간테

거인족과의 전쟁
을 묘사하고 있는
그리스 도자기

스의 지휘관인 알키오네우스, 포르피리온, 에피알테스와 수많은 다른 기간테스가 죽임을 당하고 결국 올림포스 신들이 승리한다. 티탄 신들과의 전쟁에서 승리함으로써 세상에 대한 올림포스 신들의 권위와 지배가 확실하게 된다.

이 신화에서 주목할 것은 신들이 전쟁에서 승리하기 위해 인간의 도움을 필요로 했다는 것이다. 이러한 내용은 다른 신화들에서는 찾아보기가 쉽지 않다. 이러한 신화는 고대 그리스인들의 자의식이 최고조에 달했을 때 가능했을 것이다.

기간테스를 통한 복수에 실패한 가이아 여신은 또 다른 복수를 위해 타르타로스와의 사이에서 튀폰Typhon이라는 무시무시한 괴물을 낳는다. 튀폰은 모든 산보다 더 컸으며 손가락 대신 100마리의 용의 머리들이 달려 있었고 허리 아래는 독사들에게 둘러싸여 있었으며 등 뒤에는 날개가 있었고 눈에서는 불꽃이 튀었다.

이런 무시무시한 괴물이 올림포스를 직접 공격해 오자 대부분의 올

거인족을 공격하는 제우스와 니케 여신

림포스 신들은 이집트로 피신한다. 그리고 그곳에서 아폴론은 솔개로 헤르메스는 부엉이로 아레스는 물고기로 디오뉘소스는 염소로 헤파이스토스는 황소의 모습 등으로 변신하여 숨어 지냈다. 단지 제우스와 아테나 여신만이 튀폰에 맞서 싸우게 되는데 튀폰은 결국 제우스의 불벼락을 맞고 엄청난 피를 뿜어낸다. 튀폰이 피를 뿌린 곳은 하이모스 산인데 그리스어로 하이마haima는 피를 의미한다. 튀폰은 제우스를 피해 달아나다가 제우스가 던진 에트나 산에 깔려 죽었다고 신화는 전한다. 고대 그리스인들은 에트나 화산에서 나오는 불길은 튀폰이 토해내는 것이라고 생각했다.

이러한 세 번의 치열한 전쟁을 치른 후 제우스와 올림포스 신들은 세상에 대한 완전한 지배권과 권능을 갖게 되고 신들의 시대는 티탄 신들로부터 올림포스 신들로 세대 교체가 이루어진다.

그리스 문화에 정통한 키토H.D.F. Kitto 교수는 『그리스 문화사』*The*

*Greeks*에서 기원전 15세기 이전 그리스어를 말하는 한 집단이 발칸산맥에서부터 스트루마턴과 바르다 강줄기를 따라 보다 안락한 거주지를 찾아 남하하고 그들이 그리스에 거주하고 있었던 원주민과의 대결에서 승리함으로써 현재의 그리스를 형성하게 되었다고 이야기한다. 키토 교수의 이러한 주장은 그리스 신화에서 제우스를 중심으로 올림포스 신들이 치른 티탄 신들과의 전쟁, 거인족과의 전쟁, 튀폰과의 전쟁과 연관지어 그 의미를 추적해 볼 수 있다.

거인족을 공격하는 헤라클레스

올림포스 신들의 거처였던 올림포스 산은 그리스의 가장 위쪽에 위치하고 있고 티탄 신들의 거처였던 오르튀스 산은 그리스의 중앙에 위치하고 있다. 따라서 올림포스 신들과 티탄 신들과의 전쟁은 키토 교수가 이야기한 그리스어를 사용했던 북방 집단이 그리스에 거주하고 있던 원주민과 대결하는 것으로 연결되며 이 대결에서 북방 집단이 원주민을 이기는 것이다. 거인족과의 전쟁은 당시 큰 힘을 가지고 있었던 지방의 호족들과의 대결로 그리고 튀폰과의 전쟁은 마지막까지 저항했던 원주민의 모습을 상징적으로 나타내고 있다고 할 수 있다. '역

튀폰을 공격하는 제우스

사는 전설이 되고 전설은 신화가 된다' 는 죠셉 캠벨Joseph Campbell 교수의 표현대로 이러한 신화들은 북방에서 남하하여 그리스에 정착한 집단이 자신들의 그리스에 대한 지배를 정당화하기 위한 내용이라고 할 수 있다.

## 4. 신들의 세대 교체와 가이아 여신

신들의 세대 교체에서 나타난 가이아 여신의 모습을 다시 섬세하게 살펴 볼 필요가 있다. 그 이유는 우라노스와 크로노스 그리고 제우스에 대한 가이아 여신의 태도로부터 그녀의 신성과 더불어 대단히 의미 있는 사실을 발견할 수 있기 때문이다.

가이아 여신은 애틋한 사랑을 지녔던 퀴클로페스 3형제와 헤카톤케이레스 3형제가 타르타로스에 감금되고 그로 인해 극심한 고통을 느끼게 되자 자신의 자식들을 구하기 위해 남편을 거세한다. 그리고 자신을 도와준 크로노스에게 대신의 지위를 허락했지만 크로노스가 약속을 지키지 않자 그에게 무서운 예언을 남긴다. 또한 자신의 예언을 실현시키고 자신의 고통의 원인이었던 여섯 아들을 구해 준 제우스에게 무한한 신뢰를 주지만 결국 제우스가 자신의 또 다른 자식들을 타르타로스에 감금하자 복수를 위해 기간테스와 튀폰으로 하여금 제우스를 공격하게 한다.

우리는 가이아 여신과 관련된 이러한 신화들로부터 그녀의 양면성을 찾아볼 수 있다. 가이아는 기본적으로 자신에 대한 고난을 인내하면서도 순리를 벗어난 행위에 대해서는 반드시 응징하는 양면성을 소유한 여신이다.

이러한 가이아 여신의 모습은 오늘날 가이아 가설Gaia Hypothesis이라는 이론을 통해 재해석 되고 있다. 가이아 가설은 1978년 제임스 러브록이 『지구상의 생명을 보는 새로운 관점』이라는 저서에서 주장한 이론이다. 그 이론에 따르면 가이아란 지구와 지구에 살고 있는 생물, 대기권, 대양, 토양까지를 포함하는 하나의 범지구적인 실체로서 지구를 환경과 생물로 구성된 하나의 유기체로 보는 것이다. 인간은 생존을 유지하기 위해 기술을 통해 자연을 개발하고 자연에 변형을 가해왔다. 그러한 인간의 행위는 자연의 자정 능력까지도 파괴하는 결과를 초래하였고 자정 능력을 상실한 자연은 이제 인간의 생존을 위협하는 거대한 존재가 되었다는 것이다. 다시 말해 사냥감을 잡기 위해 던진 부메랑이 오히려 사냥꾼을 향해 날아오는 것과 같은 것이다.

가이아 여신

더불어 또 하나 생각해 보아야 할 것이 있다. 그것은 신들의 세대 교체와 함께 대신의 지위가 우라노스로부터 막내였던 크로노스에게로 그리고 다시 크로노스로부터 그의 막내였던 제우스에게로 이양되는 것을 보고 그리스 신화에는 장자 세습의 전통이 없었다고 이해해서는 안 된다는 점이다. 언뜻 보기에는 실제로 그렇게 보일 수도 있지만 우라노스와 크로노스 그리고 제우스로 이어지는 권력의 이동은 일반적이거나 정상적인 세습이 아니었기 때문이다. 엄밀히 말하자면 그것은 세습이 아니라 찬탈의 역사라고 할 수 있지 않겠는가?

이처럼 그리스 신화는 지금까지 끊임없이 재해석되거나 재생산되고 있다. 우리는 이러한 과정을 통해 그리스 신화에 등장하는 신들의 이름이 다시 등장하는 모습에 주목할 것이 아니라 그리스 신화가 갖는 그리고 그곳에 감춰져 있는 의미를 상기할 필요가 있는 것이다.

# 네 번째 이야기

# 4

## 올림포스 12 주신

제우스를 중심으로 하는 올림포스 신들의 시대에도 티탄 신들의 시대와 마찬가지로 12 주신이 등장한다. 그리스 신화에 등장하는 12 주신은 언제나 힘의 균형을 기초로 하고 있다. 티탄 신들의 시대에도 12 주신은 우라노스와 가이아 여신 사이에서 탄생한 아들 여섯과 딸 여섯으로 구성되어 있었다. 올림포스 12 주신은 제우스와 그의 형제와 남매들 여섯과 제우스의 자식들 여섯으로 구성된다.

제우스와 그의 형제와 남매들의 모습에서는 특이한 것이 없지만 제우스의 자식들의 면모는 유심히 살펴볼 필요가 있다. 「사랑의 신화」에서 이야기하게 되겠지만 제우스에게는 대단히 많은 사랑의 대상들이 있었다. 그가 사랑을 나눈 대상들에는 아내인 헤라 여신뿐만 아니라 다른 여신과 님프 그리고 인간의 여인들도 포함되어 있다. 그리고 그 사이에서 태어난 자식들도 무수히 많았다. 그렇다면 제우스의 자식들 중 누가 12 주신의 지위를 허락받게 되는가? 12 주신은 언제나 힘의 균형에 기초하고 있음을 잊지 말아야 한다.

| 올림포스 12 주신 | |
|---|---|
| 제우스의 형제와 남매들 | 제우스의 자식들 |
| 제우스<br>하데스<br>포세이돈<br>헤스티아<br>데메테르<br>헤라 | 아테나<br>아폴론<br>아르테미스<br>헤르메스<br>헤파이스토스<br>아레스 |
| | 디오뉘소스 |

아레스는 제우스와 그의 아내인 헤라 여신 사이에서 탄생한다. 아폴론과 아르테미스는 제우스와 레토 여신 사이에서 탄생한 쌍둥이이다. 헤르메스는 제우스와 님프인 마이아 사이에서 탄생한다. 아테나는 제우스의 머리에서 탄생한다. 그리고 헤파이스토스는 헤라 여신 스스로에 의해 탄생한다. 결국 12 주신의 지위를 받게 되는 제우스의 자식들은 제우스의 사랑의 대상들을 대표하는 경우라고 할 수 있다. 다시 말해 12 주신에는 아내인 헤라 여신, 레토라는 다른 여신, 마이아라는 님프 사이에서 탄생한 신들과 제우스와 헤라가 각각 스스로 탄생시킨 신들이 포함되어 있다.

그렇다면 제우스와 인간의 여인 사이에서 탄생한 신이 제외되어 있음을 알 수 있다. 여기에서 티탄 신들의 시대에 12 주신의 면모를 기억할 필요가 있다. 당시 우라노스는 대신으로 다른 12 주신들과는 구별되었다. 올림포스 신들의 시대에도 대신이었던 제우스는 다른 주신들과 구별될 필요가 있고 그렇다면 또 다른 신이 주신의 지위를 허락받

대신 제우스

을 수 있을 것이다. 이러한 생각이 받아들여진다면 제우스와 인간의 여인인 세멜레 사이에서 탄생한 디오뉘소스까지를 12 주신으로 인정할 수 있게 된다. 그리고 그렇게 된다면 12 주신의 힘의 균형도 다시 정립될 수 있을 것이다.

이렇게 해서 올림포스 신들의 질서는 대신인 제우스와 12 주신 그리고 12 주신은 아니지만 그에 버금가는 권능을 지닌 버금 신들과 여타의 다른 하급 신들로 구성된다.

제우스Zeus는 로마에서 유피테르Jupiter라고 불렸으며 빛과 창공을 주재하는 신이다. 그의 한 손에는 모든 신들 중에서 가장 크고 화려한 홀이 들려 있었고 다른 손에는 언제나 이글거리는 불벼락이 있었다. 제우스는 빛을 주재하며 불벼락을 사용하는 신이었기 때문에 죽을 수밖에 없는 운명의 인간이 제우스의 천상의 모습을 그대로 본다면 그 광채에 불타 죽게 된다. 실제로 디오뉘소스의 어머니인 세멜레는 제우스의 천상의 모습을 보았다가 그 광채에 불타 죽는 운명을 맞는다.

그리스 신화는 다신론에 기초하고 있다. 다신론에서는 대단히 많은 신들이 등장하는데 이때 신들의 서열은 힘의 서열로 구성된다. 그렇다면 그리스 신화에서 제우스가 최고의 신으로 인정되는 이유를 생각해 볼 필요가 있다. 그것은 제우스의 힘이 가장 강했음을 의미하는 것이고 그의 불벼락을 가장 두려워했음을 보여준다. 따라서 불벼락을 사용하는 신을 최고의 신으로 추앙했다는 것은 고대 그리스인들이 가장 두려워했던 자연 재해가 바로 천둥과 벼락과 번개에 의한 피해였음을 유추할 수 있다.

삼지창을 던지는 포세이돈

포세이돈Poseidon은 로마에서 넵튀누스Neptunus라고 불렸으며 바다를 지배하는 신이며 모든 강의 주인이기도 하다. 포세이돈은 파도를 다스릴 뿐만 아니라 폭풍을 일으키고 자신의 상징인 삼지창으로 연안의 암벽들을 뒤흔들고 샘들을 솟구치게 하는 능력을 가지고 있다.

헤스티아Hestia는 로마에서 베스타Vesta라고 불렸으며 화로의 여신이다. 그녀는 불쏘시개 모양을 한 홀을 상징으로 가지고 있다. 고대 그리스인들의 삶의 방식은 유목이었다. 유목은 새로운 목초지를 찾아 이동하는 모습을 띤다. 새로운 목초지를 정하면 제일 먼저 텐트를 세우는데 이때 텐트의 중앙에 화로를 놓아야만 텐트 전체를 밝게 하고 따뜻하게 할 수 있다. 따라서 헤스티아는 그리스 문화의 중심을 의미하는 여신이다. 그리고 그녀의 화로에서 지켜지는 불은 생명 혹은 생명력을 상징한다. 제우스는 이러한 헤스티아에게 영예를 부여하여 인간의 모든 가정과 모든 신전에서 숭배 받도록 했다. 다른 신들이 올림포스를 비울 때에도 헤스티아는 언제나 그곳을 떠나지 않았다.

암피트리테 여신과 헤스티아 여신

그녀는 아폴론과 포세이돈에게 구혼을 받았지만 제우스로부터 영원히 처녀성을 지켜도 좋다는 허락을 얻어 아테나, 아르테미스와 더불어 그리스 신화에 등장하는 3대 처녀신이 된다.

데메테르Demeter는 로마에서 케레스Ceres라고 불렸으며 농업의 여신, 특히 곡물의 여신이다. 데메테르 여신은 언제나 이삭을 들고 머리에는 곡물 화관을 쓴 상징을 하고 있다. 올림포스 12 주신들 중에는 머리에 식물로 만들어진 상징 관을 쓴 신이 셋 등장하는데 데메테르와 더불어 월계관을 쓰고 있는 아폴론 그리고 포도넝쿨 관을 쓰고 있는 디오뉘소스가 그들이다. 데메테르 여신의 상징 꽃은 수선화와 양귀비이며 상징 새는 학이다.

헤라Hera는 로마에서 유노Juno라고 불렸으며 신성한 결혼을 주재하는 여신이다. 그녀는 올림포스의 모든 여신 중에서 가장 높은 여신이다. 헤라 여신은 여신 중 가장 크고 화려한 홀을 들고 있으며 상징 새는 공작이고 상징 식물은 백합과 석류이다. 헤라 여신의 달은 6월june이다.

그리스 신화에서 헤라 여신은 종종 질투가 많고 드세며 복수심이 강한 여신으로 그려진다. 그녀는 남편인 제우스의 부정이 자신을 모욕하는 것이라고 여겨 자주 화를 냈으며 제우스가 사랑을 나누는 대상들뿐만 아니라 그 사이에서 태어난 자식들에게도 증오심을 가졌다. 그러나 헤라 여신의 이러한 모습을 통해 그녀를 질투의 여신으로 폄하해서는 안 된다. 헤라 여신이 제우스와 혼인할 때 가이아 여신은 헤라 여신에게 황금 사과를 하나 준다. 그리스 신화에서 황금 사과는 징표의 역할을 한다. 헤라 여신이 가이아 여신에게서 받는 이 황금 사과는 그녀가 가이아 여신의 자애로운 어머니의 마음과 응징이라는 양면성을 물려받는 여신임을 보여준다. 따라서 헤라 여신이 제우스의 부적절한 사랑에 대해서 그렇게 하는 것은 자신이 주재하는 결혼의 신성함을 지키기 위한 노력이며 모든 것을 인내하면서도 순리를 벗어난 행위에 대해서는 응징하는 모습을 보이는 것이다. 그리스 신화에서는 황금 사과가 두 번 등장하는데 또 다른 하나는 「트로이아 전쟁」에서 보게 될

데메테르 여신

헤라 여신

것이다.

아레스Ares는 로마에서 마르스Mars라고 불렸으며 전쟁을 주재하는 신이다. 아레스는 전쟁용 투구와 갑옷을 입고 방패와 검으로 무장한 모습으로 묘사된다. 그는 보통의 사람보다 월등히 컸으며 무시무시한 소리를 내지르며 전쟁에 참여했다. 아레스는 전쟁을 할 때 아프로디테 여신과의 사이에서 낳은 공포의 신인 데이모스Deimos와 격정과 두려움의 신인 포보스Phobos를 동반한다. 신화에 따르면 호전적인 아마조네스 족은 그의 후손이라고 전해진다. 다른 12 주신들의 면모는 「올림포스 신들」에서 보다 상세하게 보게 될 것이다.

올림포스 신들의 거처는 올림포스 산 정상 위 하늘에 지어진 신궁이었다. 그리스 신화에서는 이곳 신들의 거처 가운데에 커다란 길이 나 있었다고 전해지는 데 그 길의 이름이 은하수이다.

은하수의 기원은 헤라클레스가 헤라 여신의 젖을 먹는 신화로부터 유래한다. 제우스의 배 다른 자식이었던 헤라클레스에게 응징의 마음을 품고 있던 헤라 여신이 그에게 젖을 먹이게 된 경위와 관련해서는 다양한 이야기들이 전해지고 있다.

어떤 전승들에 따르면 헤라 여신이 잠들어 있을 때 제우스의 전령 신인 헤르메스가 잠든 헤라 여신의 품에 헤라클레스를 데려다 젖을 물렸다고 한다. 잠에서 깨어난 헤라 여신이 놀라서 아이를 밀쳤지만 이미 헤라클레스는 헤라 여신의 젖을 넉넉히 먹은 후였고 그녀의 가슴에서는 계속해서 젖이 뿜어져 나오게 되었다. 또 다른 전승들은 전혀 다른 이야기를 전해주고 있다. 헤라클레스의 어머니인 알크메네는 헤라 여신의 응징을 두려워하여 헤라클레스가 태어나자마자 아이를 아르고스 주변에 버린다. 헤라와 아테나가 마침 그곳을 지나가게 되었는데 배고픔에 지친 아이를 보고 마음이 아팠던 아테나가 헤라에게 젖을 주기를 청한다. 헤라 여신은 그녀의 청에 따라 헤라클레스에게 자신의 젖을 물린다. 그런데 헤라클레스가 젖을 너무 세게 빨아 상처를 입자 아이를 밀쳐내지만 그녀의 가슴에서는 계속해서 젖이 뿜어져 나오게 되었다.

아레스

어떤 전승을 따르더라도 헤라클레스가 젖먹이 시절 헤라 여신의 젖을 먹은 것은 공통된 점인데 이렇게 헤라클레스는 여신의 젖을 먹음으로 해서 불사의 은혜를 입게 된다. 그리고 헤라 여신이 헤라클레스를 밀쳐내지만 그녀에게서 계속해서 뿜어져 나온 젖이 일부는 하늘로 흩뿌려지고 일부는 땅에 떨어진다. 하늘에 흩뿌려진 헤라 여신의 젖은 은하수가 되었고 땅에 떨어진 젖에서는 젖 빛깔의 커다란 순결한 꽃인 백합이 피어난다. 은하수는 라틴어로 '젖의 길' 혹은 '젖으로 된 길' Via Lactea이라고 전해진다.

현재 런던 내셔널 갤러리에 소장되어 있는 르네상스 후기의 화가였던 딘토레토가 그린 [은하수의 기원]이라는 작품을 살펴보자. 이 그림에서는 오른쪽 아래에 공작새를 통해 헤라클레스에게 젖을 물리는 여신이 헤라이며 그 위에 있는 독수리를 통해 헤라 여신의 젖을 먹는 아이가 제우스의 아들인 헤라클레스임을 상징적으로 묘사하고 있다. 그리고 헤라 여신의 가슴에서 젖이 뿜어져 나와 은하수가 되는 모습을 잘 보여주고 있다.

은하수의 기원

# 다섯 번째 이야기

# 5

## 올림포스 신들

## 1. 아테나

아테나Athena는 로마에서는 미네르바Minerva라고 불렸으며 지혜와 정의로운 전쟁을 주재하는 여신이다. 아테나 여신은 전쟁용 투구와 창으로 무장하고 있으며 아이기스를 들고 있다. 그녀의 상징새는 올빼미이고 그녀의 상징 식물은 올리브이다. 아테나 여신은 전통적으로 '청록색 눈을 가진 여신'으로 묘사된다. 헤스티아, 아르테미스와 함께 그리스 신화의 3대 처녀신이기도 하다.

아테나 여신은 제우스와 메티스 여신 사이에서 잉태된다. 지혜로운 충고의 여신인 메티스는 제우스가 처음으로 사랑을 나눈 대상이다. 아테나 여신은 메티스에게 잉태되기는 하지만 어머니인 메티스로부터 정상적으로 탄생하지는 못한다. 메티스 여신이 아테나를 잉태하고 있던 중 제우스는 가이아 여신으로부터 '메티스가 딸을 낳으면 그 다음에 태어나게 될 아들이 제우스로부터 천상의 지배권을 빼앗게 될 것'

이라는 충고를 한다. 그래서 제우스는 아테나를 잉태하고 있었던 메티스 여신을 자신의 뱃속에 집어 삼킨다. 시간이 지난 어느 날 제우스가 극심한 두통을 호소하자 전령 신인 헤르메스는 대장장이 신인 헤파이스토스를 제우스에게 데려온다. 제우스는 헤파이스토스에게 자신의 머리를 정과 망치로 쪼개라고 명령한다. 헤파이스토스가 제우스의 명령대로 그의 머리를 정과 망치로 쪼개자 그곳으로부터 창과 방패 그리고 투구로 무장한 여신이 하늘과 땅을 뒤흔들 정도의 엄청난 고함을 지르면서 탄생하는 데 그녀가 바로 아테나이다. 일상적이지 않은 이러한 탄생 신화는 출생의 신비로움을 보여주는 것이다.

아테나 여신의 탄생

아테나 여신의 탄생 신화로부터 고대 그리스인들이 지혜를 어떻게 생각하고 있었는지를 알 수 있다. 먼저 이야기할 수 있는 것은 지혜의 불멸성이다. 이러한 생각은 지혜가 불멸의 여신에 의해서 주재된다는 사실로부터 찾을 수 있다. 또 다른 것은 지혜가 영혼의 기능이라는 사실이다. 고대 그리스인들은 인간이 육체와 영혼으로 결합된 존재라고 믿었다. 그래서 그들은 인간이 죽음을 맞게 되면 육체는 소멸하지만 영혼은 불멸한다고 믿었다. 인간에게 깃든 영혼은 이 세상을 살아가는

지혜와 정의로운 전쟁의 여신 아테나

동안 육체 그 중에서도 머리에 머무르고 그로 인해 생각과 이해와 판단을 하게 된다. 따라서 아테나 여신이 제우스의 머리로부터 탄생했다는 것은 지혜가 신체 중 머리와 관련된다는 것이고 지혜는 다름 아닌 영혼의 기능이라는 사실을 의미한다.

또한 아테나 여신의 탄생 신화가 그리스인들 사이에서 이야기될 때에는 이미 어느 정도의 외과 시술이 가능했던 시기였음을 생각해 볼 수 있다. 그러지도 못한 데 대신인 제우스의 두개골을 쪼개었다는 신화를 이야기하기란 불가능하기 때문이다.

지혜를 주관하는 아테나가 처녀신이라는 점 역시 주목해야만 한다. 그리스 신화에서는 아폴론처럼 한 신이 대단히 많은 일을 주재하는 경우들이 있다. 그 이유는 세상을 완전하게 지배하는 신의 수가 열둘이기 때문이기도 하지만 자식이 태어나게 되면 자신이 주재하는 일들을 나누어주기 때문이기도 하다. 그런데 아테나 여신은 제우스로부터 처녀성을 지키면서 살도록 허락받은 처녀신이다. 그녀에게는 자신이 주재하는 일을 물려줄 자식이 없다. 이러한 신화는 지혜가 혈통적으로 세습되는 것이 아님을 의미하는 것이다. 고대 그리스인들의 이러한 관념은 플라톤Platon의 철학에서도 그대로 나타나는데, 플라톤은 자신의 대화편들에서 '아버지가 지혜롭거나 훌륭하다고 해서 그 자식이 반드시 그런 것이 아니며 아버지가 지혜롭지 않거나 훌륭하지 않다고 해서 그 자식이 반드시 그런 것도 아니다' 라고 계속해서 이야기하고 있다. 그렇다면 인간은 어떻게 지혜를 다음 세대로 전수하는가? 지혜가 혈통적 세습을 통해 전해지는 것이 아니라면 그런데도 불구하고 이전 세대의 지혜가 이어지고 있다면 그것은 바로 교육을 통해서이다. 따라서 우리는 교육 가능성이라는 지혜와 관련된 고대 그리스인들의 또 다른 관념도 찾을 수 있다.

아테나는 지혜와 동시에 정의로운 전쟁을 주재하는 여신이다. 이러한 점은 동양에서는 다소 낯선 부분이다. 지혜의 여신이 아름다움을 함께 주재한다거나 풍요를 함께 주재하는 것이 아니라 정의로운 전쟁을 주재한다는 것은 쉽게 이해되지 않는 부분이다. 그러나 이것은 지혜를 통해서 올바르다고 판단된 것은 전쟁을 통해서라도 반드시 관철되어야 하며 그렇게 수행되는 전쟁은 정의로운 전쟁임을 암시한다. 그리고 이러한 관념은 그리스 신화로부터 오늘날까지 서구 정신의 한 축으로 그대로 이어지고 있다. 서구사회에서 지금까지도 끊이지 않고 있는 민족들이나 종교들 사이의 수많은 갈등과 전쟁을 다시 한 번 생각해 보라.

아테나 여신은 베틀을 잘 다루었던 여신으로도 이야기된다. 베틀을 다루는 아테나 여신의 모습은 아라크네Arachne라는 인간의 여인과 벌인 베틀 시합에서 볼 수 있다. 리디아 출신의 아라크네는 염색 장수였던 이드몬의 딸이었다. 그녀의 베 짜는 솜씨와 자수 솜씨는 주변 숲의 님프들이 부러워할 정도였다. 뛰어난 재주로 인해 그녀는 실 잣는 여인들과 수 놓는 여인들의 수호신인 아테나 여신의 제자라는 명성을 얻었다. 하지만 아라크네는 자신의 재능은 자신의 것일 뿐 여신으로부터 받은 것이 아니라고 했다. 그리고 아테나 여신도 자기만큼 훌륭하게 실을 잣거나 수를 놓지는 못할 것이라고 떠들고 다녔다. 그리스 신화에서 신에 대한 도전은 바로 이렇게 불경한 언행을 통해서 일어난다. 신에게 이러한 불경한 언행을 한다는 것은 이미 신에 대한 존경과 믿음을 저버렸음을 보여주는 것이기 때문이다. 그리고 신에 대한 도전에서 실패한다면 목숨으로 그 대가를 지불해야 한다.

아테나 여신은 먼저 불손한 아라크네에게 노파의 모습으로 변신하여 나타나 그녀에게 기회를 준다. 노파로 변신한 아테나 여신은 아라크네에게 재주만 믿고 너무 경거망동하지 말고 좀 더 겸손해지라고 타이른다. 그렇지 않으면 여신의 분노를 당할 것이라는 충고도 함께 한다. 그러나 아라크네는 노파를 모욕할 뿐이었다. 그러자 아테나 여신은 본래의 모습을 드러내고 아라크네와 베틀 시합을 시작한다. 아테나 여신은 먼저 올림포스 12 주신들의 위엄에 찬 모습을 융단에 새겨 넣었다. 그리고 아라크네에게 경고하기 위해 신에게 도전했던 인간들의 비참한 최후를 네 귀퉁이에 새겨 넣었다. 아라크네는 제우스와 에우로페의 모습, 제우스와 다나에의 모습처럼 신들의 애정행각을 융단에 새겨 넣었다. 이것은 다시 한 번 신에 대한 불경을 저지르는 것이며 신을 모욕하는 것이다. 분노한 아테나 여신은 그것을 찢어 버리고 베틀 북으로 아라크네를 후려쳤다. 아라크네는 절망하여 목을 매 자살하려고 했다. 하지만 아테나 여신은 그녀의 죽음을 허락하지 않고 그녀를 거미로 만들어 일생 실을 잣게 했다.

아테나 여신과 관련된 가장 유명한 상징물은 파르테논 신전이다. 파르테논parthenon은 그리스어로 '처녀의 거처'를 의미한다. 결국 파르

파르테논 신전

테논 신전은 아테네의 수호신이자 처녀신인 아테나에게 봉헌한 신전을 의미한다. 현재 아테네의 아크로폴리스에 지어진 파르테논 신전은 기원전 479년에 페르시아인들이 파괴한 옛 신전 자리에 기원전 447년부터 약 10년 동안의 작업을 거쳐 새롭게 완성된 것이다. 신전의 안정된 비례와 장중함은 고전시대 그리스 정신의 집대성이라고 할 수 있다.

파르테논 신전은 몇 가지 특이한 점을 가지고 있다. 파르테논 신전의 기둥은 도리아 양식이다. 파르테논 신전이 건축될 당시에는 도리아 양식과 이오니아 양식 그리고 코린토스 양식을 자유롭게 사용하였다. 도리아 양식은 남성을 이오니아 양식은 여성을 그리고 코린토스 양식은 처녀를 상징한다. 그런데 파르테논 신전은 이오니아 양식이나 코린토스 양식이 아닌 도리아 양식으로 지어졌다. 그것은 아테나 여신이

파르테논 신전의 복원도

정의로운 전쟁의 신임을 상징하는 것이다.

또 하나의 특이한 점은 기둥들을 받치고 있는 기단부가 평평하지 않고 볼록한 형태를 띠고 있다는 사실이다. 이것은 착시현상을 고려한 것이다. 인간은 거대한 건축물을 바라볼 때 가운데 부분에 비해 양쪽 끝 부분이 더 높아 보이는 굴곡현상을 일으킬 수 있는데 이 점을 고려하여 가운데 부분을 오히려 볼록하게 함으로써 어디서 바라보든 곧은 형태로 보이도록 한 것이다.

기둥과 지붕 사이의 구조물을 메토프라고 하는데 동쪽 메토프에는 기간테스와의 전쟁이 묘사되어 있고 동쪽 지붕 조각에는 아테나 여신의 탄생과 함께 아테나이를 놓고 포세이돈과 함께 벌인 경합 장면이 묘사되어 있다.

인간들이 모여 도시를 만들며 살자 신들은 제각기 자신이 수호할 도시를 선택하기로 했다. 둘 이상의 신들이 동시에 같은 곳을 선택하는 경우도 있었는데 이럴 경우에는 동료 신들이나 인간들의 심판을 받았다. 이러한 다툼의 대표적인 예가 아티카 지방의 어느 곳을 놓고 아테나 여신과 포세이돈이 벌인 경합이었다.

아테나 여신이 선물한 올리브 나무

그곳은 그리스 전역에서 가장 넓고도 비옥한 토지를 가진 곳이었다. 대신인 제우스는 아테나 여신과 포세이돈에게 각자 그곳에 사는 주민들을 위한 선물을 주게 하고 그곳 주민들이 자신들에게 유용한 선물을 한 신을 선택하면 그 신을 수호신으로 정하겠다고 중재한다. 그래서 아테나 여신은 올리브 나무를 포세이돈은 말과 그 말이 마실 우물을 선물한다. 아테나 여신이 준 올리브 나무는 인간의 삶의 양식 중 농경을 상징하는 것이며 포세이돈이 준 말과 우물은 유목을 상징하는 것이다. 넓고 비옥한 토지를 가진 그곳 주민들은 당연히 아테나 여신의 선물을 선택하게 되고 그렇게 해서 아테나 여신은 그 땅의 수호신이 된다. 그 땅의 이름은 여신의 이름을 따서 아테나이라고 불렸는데 지금의 아테네가 바로 그곳이다.

아테나 여신과 관련된 이야기는 지금까지도 계속해서 인용되거나 재해석되고 있는데 헤겔G.W.F. Hegel의 『정신현상학』*Phenomenologie des Geistes*에 나오는 "미네르바의 올빼미는 황혼이 깃들어야 날기 시작한다"라는 유명한 구절은 지혜는 그것이 기능할 수 있는 일정한 조건이 먼저 형성되어 있어야 함과 지혜는 아무리 힘든 상황에서도 그 본연의 기능을 상실하지 않음을 의미한다. [해리포터 시리즈]에 나오는 해리포터의 흰색 올빼미 역시 지혜를 상징하는 것이다.

## 2. 헤르메스

헤르메스Hermes는 로마에서 메르쿠리우스Mercurius라고 불렸으며 제우스의 전령 신이자 상업과 달변의 신이다. 헤르메스의 상징은 페타소스라는 날개 달린 모자와 날개 달린 가죽 신이다. 그리고 손에는 제우스의 전령 신임을 상징하는 홀을 들고 있다.

헤르메스의 홀은 끝이 독수리의 날개 모양을 하고 있고 몸체는 뱀이 휘감긴 모습을 하고 있다. 홀에 있는 독수리의 날개는 그가 제우스의 전령 신임을 보여주는 것이다. 그리고 헤르메스의 홀은 전령 신으로서의 그의 활동 영역을 상징적으로 보여준다. 독수리는 하늘을 날고 뱀은 땅 위와 땅속에서 살아가기 때문에 헤르메스는 제우스의 전령 신으로 천상에서 지하까지 자유자재로 다닐 수 있음을 보여 주는 것이다.

헤르메스를 거짓말의 신이라고 이야기하는 전승들도 있다. 그러나 그러한 이야기들은 다소 악의적이라고 할 수 있다. 물론 헤르메스가 거짓말을 한 적도 있다. 하지만 주술도 악의적인 주술black magic과 선의의 주술white magic로 구분된다는 사실을 생각해 보자. 악의적인 주술은 누군가를 본떠서 짚으로 인형을 만들고 바늘이나 칼 등으로 인형을 찌르면 그 사람에게도 같은 고통이 따르도록 하는 것이다. 반면에 기우제와 같은 형태는 선의의 주술에 해당한다. 거짓말도 마찬가지이다. 악의적인 거짓말black lie이 있는가 하면 선의의 거짓말white lie도 있다. 악의적인 거짓말은 다른 사람을 의도적으로 속일 목적으로 하는 것이지만 선의의 거짓말은 의료인이 치료의 목적을 위해 환자에게 하는 것과 같은 것이다. 헤르메스가 거짓말을 했다고 하더라도 그것이 제우스의 뜻을 실현하기 위한 목적에서 행해진 것이고 자신의 이익과 관련된 것이 아니었다면 그를 함부로 거짓말의 신이라고 할 수는 없을 것이다. 또한 「인간의 탄생」에서 보게 되겠지만 헤르메스는 최초의 여성인 판도라에게 선물을 주는 신이기도 하다. 만일 헤르메스가 거짓말의 신이였다면 판도라가 그로부터 받은 것은 거짓말의 소질이었을 것이다. 하지만 판도라가 헤르메스로부터 받은 선물은 남성을 설득시킬 수 있는 설득력 혹은 달변의 능력이었다.

전령신 헤르메스

헤르메스는 제우스와 님프인 마이아 사이에서 탄생한다. 마이아는 아르카디아 남쪽에 있는 킬레네 산의 동굴에서 헤르메스를 낳는다. 제우스의 배 다른 자식들은 모두가 헤라 여신의 눈을 피하기 위해 하늘이 아닌 땅에서 태어나게 된다. 마이아는 관습대로 아이를 강보에 싸서 요람에 눕혀 두었다. 그런데 출생 당일부터 극도의 조숙함을 보였던 헤르메스는 몸을 흔들어 강보를 풀어 버리고 요람을 나와 테살리아

홀을 든 헤르메스

에 있는 아폴론의 목장으로 간다. 그리고 그곳에서 젖소 열두 마리와 암송아지 백 마리를 훔쳐냈다. 그리고는 그것들의 꼬리에 나뭇가지를 묶어 땅을 쓸면서 동굴 근처까지 끌고 갔다. 헤르메스는 훔친 가축들 중 가장 훌륭한 두 마리를 골라 제사를 지내고 나머지 가축들을 숨겨 놓는다. 동굴로 돌아오던 헤르메스는 거북이 한 마리를 발견하고 그 등껍질에 소들의 내장을 매어 악기를 만드는데 그것이 바로 뤼라이다.

한편 아폴론은 소떼를 찾아 헤매다가 목격자인 바토스라는 노인으로부터 모든 사실을 듣게 된다. 아폴론은 킬레네 산에 있는 마이아에게 가서 헤르메스가 자신의 소들을 훔쳐 갔다고 이야기 한다. 그러자 마이아는 요람에서 얌전하게 자고 있는 헤르메스를 보여 주면서 갓난아이에게 그런 누명을 씌었다고 오히려 아폴론에게 따진다. 아폴론은 제우스에게 도움을 청하고 결국 제우스가 헤르메스에게 나머지 가축들을 돌려주라고 명령한다. 아폴론은 자신의 가축들을 돌려받기로 한 날에 약속장소로 향하던 중 헤르메스가 연주하는 아름다운 뤼라의 선율을 듣게 된다. 그 소리에 매료된 아폴론은 뤼라와 자신의 소떼를 교환한다.

헤르메스는 제우스의 단순한 심부름꾼이 아니라 전령 신이다. 그리스 신화에는 심부름의 신이 있는데 바로 무지개의 여신 이리스 Iris이다. 고대 그리스인들은 비가 그친 후 하늘에서 땅으로 무지개가 펼쳐지면 신의 뜻이 전달되고 있다고 생각했다. 이리스 여신은 신들의 명령을 받으면 토씨 하나 틀리지 않고 그 뜻을 전달하는 역할을 담당한다. 그러나 헤르메스는 제우스가 굳이 이야기하지 않아도 그의 마음을 헤아려 그의 뜻을 세상에 실현시키는 신이다. 헤르메스의 이러한 모습은 하데스 신화에서 확인할 수 있다.

뤼라를 들고 있는 헤르메스와 사튀로스

이번에는 그리스 신화 시대의 제례 풍습에 대해 알아보도록 하자. 그리스 신화 시대의 제례 풍습은 대부분의 원시 종교에서 나타나는 형태와 비슷한 모습을 띠고 있다. 신에게 제사를 지내기 위해서는 제일 먼저 제단을 쌓고 흠 없는 어린 동물을 제물로 준비해야 한다. 신에게 바쳐질 제물은 순수하고 온전해야 한다. 흠 없는 어린 동물을 제물로 사용하는 이유는 세상에 나온 그대로의 모습을 간직하고 있기 때문이다. 그렇기 때문에 주로 어린 동물이 사용되었던 것인데 다 자란 동물이라고 하더라도 아직까지 사람에게 괴롭힘을 당하거나 채찍을 맞지 않은 동물이라면 그 역시 제물로 사용될 수 있다. 다음으로는 제물의 피를 제단 위나 그 주위에 뿌리는데 이것이 속죄 의식이다. 제물의 피

무지개의 여신 이리스

는 인간의 죄를 대신해서 뿌려지는 것이다. 이러한 의식을 통해 인간은 자신의 죄를 반성하고 또다시 죄를 짓게 된다면 다음번에는 자신이 그처럼 피를 흘릴 수 있음을 보게 되는 것이다. 제례의 마지막 절차는 제물을 태우는 것이다. 신은 땅에서 길러진 음식을 직접 취하지 않기 때문에 대신 고기가 익는 구수한 냄새만이라도 맡을 수 있게 하는 것이다. 이러한 의식을 흡향吸香제라고 부른다. 대부분의 경우 이때 연기가 하늘로 곧장 올라가게 되면 신들이 그 제사를 기쁘게 받는다고 여겼고 바람이 불거나 비가 와서 연기가 하늘로 오르지 못하거나 불이 꺼지게 된다면 신들이 그 제사를 용납하지 않는다고 여겼다.

## 3. 아폴론

아폴론Apollon은 로마에서는 아폴로Apollo라고 불렸으며 태양과 음악과 의술과 예언과 활쏘기를 주재하는 신이다. 미국항공우주국NASA에서 달 탐사 로켓의 이름들을 아폴로라고 한 것은 태양계의 신비를 밝혀줄 시작이라고 여겼기 때문이다. 아폴론에게는 월계관과 함께 활과 퓌톤이 휘어 감긴 화살통 그리고 뤼라가 상징으로 사용된다.

아폴론

아폴론은 제우스와 레토 여신 사이에서 탄생하는 쌍둥이이다. 신화에서는 아르테미스 여신의 동생으로 태어난 것으로 이야기된다. 레토 여신의 해산이 임박했을 때 그 사실을 알게 된 헤라 여신은 그녀가 땅에서 해산할 것을 알고 모든 땅을 상대로 레토의 출산을 돕는 곳을 영원한 불모지로 만들어 버리겠다고 경고한다. 그러자 세상 어느 곳도 헤라의 경고를 두려워한 나머지 레토 여신을 받아주지 않는다. 레토 여신은 마지막으로 메추라기 섬이라는 별명이 있는 아스테리아 Asteria 섬으로 찾아간다. 아스테리아는 코이오스와 포이베의 딸로 레토와는 자매였다. 그녀는 계속되는 제우스의 구애를 피하기 위해 메추라기로 변신해서 바다로 몸을 던지고 그렇게 해서 메추라기 섬이라는 아스테리아 섬이 생기게 된다. 이에 화가 난 제우스는 아스테리아 섬에 한 그루의 종려나무 이외에 무엇도 자라지 못하게 했고 휴식을 취하지 못하도록 하기 위해 바다 위를 떠돌아다니는 떠돌이 섬으로 만들었다. 이곳에서 레토 여신은 해산을 준비한다.

레토 여신이 안식처를 얻게 되자 헤라 여신은 이번에는 자신의 딸인 출산의 여신 에일레이튀이아Eileithyia를 올림포스에서 나가지 못하게 했다. 그러자 레토 여신은 9일 밤낮동안 계속되는 진통만을 겪게 된

아폴론과 아프테미스 여신의 탄생

다. 레토 여신을 딱하게 여긴 아테나를 포함한 다른 여신들이 그녀의 출산을 허락해 줄 것을 간청하자 헤라 여신은 그제야 에일레이튀이아가 아스테리아 섬으로 내려가는 것을 허락한다. 그리하여 레토 여신은 그곳에서 아르테미스와 아폴론을 낳는다. 이들이 태어나는 순간 신성한 백조들이 섬 위로 날아와서 일곱 바퀴를 돌았는데 이들이 탄생한 날이 그 달의 일곱 번째 날이었기 때문이다. 제우스는 곧바로 아폴론에게 황금관과 백조들이 끄는 마차를 선물로 주었다고 한다. 아폴론은 후에 아스테리아 섬에 은혜를 갚기 위해 그 섬을 고정시키고 찬란하다는 뜻의 델로스Delos라는 이름을 붙여 주었다.

아폴론은 어린 시절 델포이에서 퓌톤Python이라는 괴물을 화살로

퓌톤을 쏘는 아폴론

죽였다. 퓌톤은 용이나 거대한 뱀으로 전해지는데 오래전부터 테미스 여신의 신탁소의 보호를 받고 있었다. 티탄 신들의 시대에 신탁oracle은 테미스 여신에 의해 주재되었다. 그녀는 세상의 중심인 델포이에 신탁소를 세우고 그곳에서 신들의 뜻을 인간들에게 전했다. 퓌톤은 신탁소의 보호만을 믿고 그 지역 전체에 해를 끼치고 있었다. 샘과 개울을 혼탁하게 하고 가축과 사람들을 약탈할 뿐만 아니라 기름진 평야를 황폐하게 만들고 님프들을 겁에 떨게 했다.

아폴론은 이처럼 해악을 일삼는 퓌톤을 화살로 죽이고 자신의 승리를 기념하기 위해 퓌톤을 자신의 화살통에 휘어감은 것으로 전해진다. 그 후 아폴론은 테미스의 신탁소를 차지하고 성역 안에 삼각 의자를 두었는데 아폴론의 여사제는 그 삼각의자에 앉아 신탁을 내리곤 했다. 신화에 따르면 퓌톤이 죽은 후 아내였던 퓌티아가 괴로워하자 제우스가 인간의 여인으로 변신시켰고 아폴론이 그녀를 자신의 신탁소의 초대 여사제로 지목했다고 한다.

퓌톤이 감긴 화살통을 한 아폴론

아폴론과 관련된 또 다른 신화로는 마르쉬아스Marsyas와의 연주대결을 이야기할 수 있다. 마르쉬아스는 사튀로스 족으로 아테나 여신이 만들었다가 버렸던 피리인 아울로스aulos를 발견한다. 아울로스는 뤼라와 함께 그리스를 대표하는 전통 악기이다. 마르쉬아스는 자신이 발견한 아울로스를 자랑스러워하며 그 피리가 세상에서 가장 아름다운 소리를 낸다고 생각했다. 그래서 그는 아폴론에게 도전한다. 아폴론은 주위의 인간들을 심판관으로 세운 후 뤼라를 가지고 연주 대결을 벌인다. 이 대결에서 마르쉬아스가 패배하자 아폴론은 그를 소나무에 매달아 살가죽을 벗겼다고 한다.

그리스 신화에서는 하급 신이 12 주신에게 도전하거나 인간이 신과 경쟁하여 실패할 경우 그 대가를 목숨으로 지불하는 모습들이 눈에 띤다. 이것은 당연한 것이다. 왜냐하면 다신론을 기초로 하고 있는 신화에서는 그것이 신들의 질서를 유지하는 방법이기 때문이다.

아폴론과 마르쉬아스의 연주 대결은 미다스Midas 신화와도 관련되는 부분이 있다. 프리기아의 왕이었던 미다스도 이 대결의 심판관으로 참여하는데 그만이 마르쉬아스의 연주가 더 낫다고 이야기하였다. 이에 화가 난 아폴론은 제대로 들으라고 그의 머리 양 옆에 큼지막한 당

아폴론과 미다스

나귀 귀가 솟게 만들었다. 그 후로 미다스는 왕관 밑에 당나귀 귀를 감추고 이 사실을 유일하게 알고 있는 이발사에게 비밀을 누설하면 사형에 처하겠다고 한다. 하지만 그 비밀을 말하고 싶어서 병이 날 지경이 된 이발사는 땅에 구덩이를 파고 그 비밀을 말해 버린다. 그러자 근처에서 자라고 있던 갈대가 바람에게 왕의 비밀을 누설하고 바람이 불어스칠 때마다 '임금님 귀는 당나귀 귀' 라고 속삭이게 되었다.

아폴론은 훤칠한 키에 준수한 용모의 신으로 그리스 신화에 등장하는 모든 남신들 중에서 가장 훌륭한 외모를 가졌던 것으로 묘사되며 팬지 꽃잎처럼 푸른빛이 도는 검은색 곱슬머리로 특히 유명하다. 그런 아폴론에게도 많은 사랑의 상처가 남아 있다.

아폴론의 가장 가슴 아픈 사랑은 님프인 다프네Daphne와 관련된다.

뤼라를 연주하는 아폴론

아폴론은 퓌톤을 죽인 후 제우스의 부름을 받아 올림포스로 올라간다. 제우스의 신궁으로 가던 중 아폴론은 올림포스 한쪽에서 활쏘기 연습을 하고 있는 어린 아이를 발견한다. 이때 아폴론은 활쏘기에 있어서는 자신이 세상에서 가장 뛰어나다는 생각으로 가득 차 있는 상태였다. 그래서 그 어린 아이의 머리를 쓰다듬으면서 '활과 같은 위험한 무기는 너 같은 어린 아이에게는 어울리지 않는다' 고 이야기 한다. 그 어린 아이가 바로 사랑의 신인 에로스Eros였다. 화가 난 에로스는 등을 보이고 돌아서 가는 아폴론을 향해 사랑의 화살을 쏘고 지상을 향해서는 그 사랑을 거부하는 화살을 쏜다. 그 화살은 페네이오스 강의 딸인 님프 다프네를 맞추었다.

아폴론은 제우스를 만나고 나서 어머니인 레토 여신에게 자신이 제우스로부터 인정받았다는 기쁜 소식을 전하기 위해 지상으로 내려오던 중 다프네를 발견한다. 그녀를 보자마자 사랑을 느끼게 된 아폴론은 다프네에게 구애하지만 그녀는 계속해서 아폴론의 사랑을 거부한다. 아폴론을 피해 산으로 달아나던 다프네가 아폴론에게 잡히려는 순간 그녀는 강의 신인 아버지 페네이오스에게 자신을 변신시켜 아폴론

아폴론과
다프네

으로부터 벗어나게 해 달라고 간청한다. 그러자 페네이오스는 슬픔을 간직한 채 딸을 월계수로 변신시킨다. 다프네daphne는 그리스어로 월계수이다.

그리스 신화에는 수많은 변신 이야기가 등장한다. 변신은 신만이 하거나 일으킬 수 있는 능력이다. 님프나 인간의 변신은 신을 통해서만 가능한 것이다. 그리고 변신은 순식간에 일어난다. 아폴론을 피해 달아나던 다프네의 변신 역시 뒤쫓아 오던 아폴론 앞에서 순간적으로 일어난다. 그녀는 순식간에 발에서 뿌리가 뻗어나가고 몸은 줄기로 뒤덮였으며 팔은 뻗어나가 잎사귀가 돋아났다.

아폴론은 자신의 사랑을 피하기 위해 님프로서의 생을 마감하고 월계수로 변신한 다프네에 대해 미안함과 애틋함을 지울 수가 없게 된다. 아폴론은 다프네를 영원히 기억하기 위해  그 자리에서 태어날 때 제우스로부터 받았던 황금관을 내어 던지고 월계수로 자신의 상징관을 만들어 쓰고 월계수를 자신의 상징 나무로 축복한다. 델포이에 있는 아폴론 성지에는 월계수가 한 그루 있는데 그리스인들은 그 나무가 다프네가 변신한 것이라고 생각하고 있다.

월계수로 변신하는 다프네

트로이아의 왕이었던 프리아모스의 딸인 카산드라Kassandra와의 사랑도 아폴론에게는 쓰라린 경험이었다. 카산드라를 사랑하던 아폴론은 그녀의 마음을 사로잡기 위해 그녀가 원하는 무엇이든지 하겠다고 한다. 카산드라는 자신에게 예언의 능력을 준다면 사랑을 허락하겠다고 약속한다. 그 약속을 믿은 아폴론은 카산드라에게 예언의 능력을 허락하지만 카산드라는 아폴론의 사랑을 저버린다. 결국 카산드라는 아폴론을 기만했던 것이다. 상처를 받은 아폴론은 카산드라에게 작별의 입맞춤만이라도 허락해 달라고 한다. 작별의 입맞춤을 하면서 아폴론은 카산드라에게 예언의 능력은 남겨둔 채 그녀의 입술로부터 설득력을 빼앗아 버린다. 그래서 카산드라가 아무리 정확한 예언을 하더라도 아무도 그녀의 말을 믿지 않게 된 것이다. 인간인 카산드라가 12 주신의 하나인 아폴론을 기만했음에도 불구하고 그는 한때나마 자신이 사랑했던 여인의 목숨을 거두지는 않는다. 그러나 카산드라는 인간 중에서 가장 참혹한 죽음으로 신을 기만한 대가를 치르게 되는데 이 이야기는 「트로이아 전쟁」에서 보게 될 것이다.

아폴론의 모든 사랑이 실패했던 것은 아니다. 테살리아의 왕이었던 플레기아의 딸인 코로니스Koronis와의 사랑을 통해 아스클레피오스As-clepios를 낳게 되는 것은 아폴론의 사랑과 관련된 아주 유명한 일화 중 하나이다. 아스클레피오스는 아폴론에 의해 켄타우로스 족인 케이론에게 맡겨져 의술을 배운다. 케이론Cheiron은 그리스 신화에 등장하는 가장 뛰어난 반인반마이며 아스클레피오스뿐만 아니라 아킬레우스와 이아손의 스승이기도 하다. 케이론으로부터 교육을 받은 아스클레피오스는 후에 아폴론으로부터 의술의 신의 지위를 물려받게 된다. 그의 상징은 뱀이 휘감고 있는 홀인데 이것은 지금까지 거의 모든 의료 관련 기관의 상징으로 사용되고 있다. 신화에 따르면 아스클레피오스는 죽은 자를 살려내는 방법까지 알아냈다고 한다. 그 방법을 통해 그가 다시 살려 낸 사람의 수는 상당했다. 인간의 부활을 지켜보던 제우스는 아스클레피오스가 세상의 법칙을 흔들어 놓지나 않을까 걱정스러워서 그를 불벼락으로 내리쳤다고 한다.

그리스 신화에는 켄타우로스, 사튀로스, 판 등 세 종족의 반인반마가 등장한다. 반인반마는 신도 아니고 인간도 아닌 신과 인간의 중간적인 모습을 하고 있다. 켄타우로스Kentauros는 상체는 인간이고 하체는 말의 모습을 하고 있으며 반인반마 중에서 가장 뛰어난 힘과 능력을 가지고 있다. 사튀로스Satyros는 인간과 비슷한 형체를 가지고 있지만 언제나 말총처럼 긴 꼬리를 가지고 있다. 가장 잘 알려진 사튀로스로는 디오뉘소스의 스승인 실레노스Silenos가 있다. 판Pan은 이마에는 뿔이 두 개 나 있고 몸은 털로 뒤덮였으며 염소 다리를 하고 있고 발은

델포이의 아폴론 성지 복원도

갈라진 굽으로 되어 있다. 판은 서늘한 샘터와 그늘진 숲을 좋아하고 목동과 가축과 함께 한다.

아폴론은 로마의 초대 황제인 아우구스투스Augustus가 개인적으로 수호신으로 섬겼던 신이기도 하다. 아우구스투스는 기원전 31년 악티움 해전에서 안토니우스와 클레오파트라에게 승리를 거두자 그 공을 아폴론 신에게 돌린다. 로마 시민들 사이에서는 아우구스투스가 아폴론의 아들이라는 소문도 돌았다. 그들은 아우구스투스의 어머니인 아티아가 아폴론 신전에서 잠을 자던 중 아폴론의 능력으로 아들을 잉태했다고 이야기했다. 하지만 이러한 이야기는 아우구스투스를 신격화시키기 위한 것에 불과하다. 아무튼 아우구스투스는 팔라티누스 언덕에 아폴론 신전을 짓고 그곳에서 개인적인 제사를 지낸 것으로 알려져 있다.

## 4. 아르테미스

아르테미스Artemis는 로마에서 디아나Diana라고 불렸으며 달의 여신이자 짐승들을 수호하며 사냥을 즐기는 여신이었다. 아르테미스 여신의 상징은 초생달 모양의 황금관과 활을 든 모습이다.

아르테미스는 아폴론과 함께 제우스와 레토 여신 사이에서 태어나는 쌍둥이이며 헤스티아, 아테나와 함께 그리스 신화에 등장하는 3대 처녀신이다. 그녀는 아르카디아와 스파르타, 라코니아와 엘레이아와 같은 그리스의 야생 지역과 산악 지역에서 숭배를 받았다. 그리스에서 가장 유명한 아르테미스 여신의 성지는 에페소스에 있었는데 그곳에서는 그녀가 다산多産의 여신과 동일시되었다. 그래서 에페소스인들은 아르테미스 여신을 상체에 많은 수의 젖가슴을 가지고 있는 모습의 청동 조각으로 묘사하기도 했다. 처녀신이 다산의 여신과 동일시되었다는 사실은 흥미롭다.

아르테미스 여신은 야생적인 아가씨의 모습을 하고 주로 사냥을 즐겼던 것으로 알려진다. 사냥감을 향해서 쏘는 그녀의 화살은 순식간에 목숨을 앗아가기 때문에 사냥감에게 아무런 고통도 주지

아르테미스

아르테미스 여신 일행을 본 악타이온

않았다고 한다. 그러나 짐승들을 수호하는 여신이면서도 사냥을 즐기는 모습에서 그녀의 복잡 미묘한 신성을 짐작할 수 있는데 이러한 모습은 자신의 처녀성을 지키기 위해 지나칠 정도의 강박관념을 보이는 신화들을 통해 다시 확인할 수 있다.

아리스타이오스의 아들인 악타이온Actaion이라는 젊은이는 아르테미스의 그러한 강박관념 때문에 목숨을 잃는다. 악타이온은 어느 날 친구들과 어울려 사냥을 나서는데 그곳은 아르테미스 여신이 님프들과 함께 사냥을 즐기고 있는 곳이었다. 악타이온은 사냥감을 정신없이 쫓던 중 그만 친구들과 길이 어긋나고 만다. 악타이온은 친구들을 찾아 숲속을 헤매다가 마침 사냥을 마치고 냇가에서 땀을 닦아내고 있는 아르테미스 여신 일행을 본의 아니게 보고 만다. 예상치도 못했던 일을 겪게 된 악타이온은 놀라서 멍하니 그 자리에 서 있었다. 그러자 자신의 알몸을 본 것에 화가 난 아르테미스 여신은 냇물을 그에게 끼얹고 여신의 분노가 깃든 냇물을 뒤집어 쓴 악타이온은 수사슴으로 변신하게 된다. 자신이 사슴으로 변하는 모습

악타이온의 죽음

악타이온에게 냇물을 끼얹는 아르테미스 여신

에 놀란 악타이온이 도움을 청하기 위해 소리를 지르지만 그의 목소리는 더 이상 사람의 그것이 아니라 수사슴의 울부짖음으로 퍼져 나간다. 그리고 그는 그 소리를 듣고 달려 온 자신의 사냥개들에게 그 자리에서 난폭하게 물려 죽는다.

아르테미스 여신은 자신을 수행하는 님프들에게도 처녀성을 강요했고 처녀성을 잃게 된다면 그 목숨을 거두었던 것으로 알려진다. 그녀를 수행하는 님프 중에는 아름다운 칼리스토Kallisto가 있었는데 제우스가 그녀에게 사랑을 느끼게 된다. 하지만 제우스도 딸인 아르테미스 여신의 성격을 알고 있기 때문에 칼리스토에게 쉽게 접근할 수 없었다. 그래서 제우스는 결국 칼리스토가 섬기는 아르테미스 여신의 모습으로 변신하여 그녀와의 사랑을 이룬다.

칼리스토가 임신해 있던 어느 날 사냥을 마친 아르테미스 여신 일행이 샘에서 목욕을 하게 되었다. 그녀가 옷을 벗자 임신사실을 알게 된

아르테미스로 변신하여 칼리스토를 유혹하는 제우스

아르테미스 여신은 화가 나서 그녀를 쫓아 버리고 곰으로 만들었다. 또 다른 전승에 의하면 칼리스토가 헤라 여신의 분노를 사서 곰으로 되었다고도 한다. 칼리스토에게서 아르카스Arkas가 태어나는데 장성하여 사냥을 하던 어느 날 곰으로 변신한 어머니와 마주친다. 그 곰이 자신의 어머니인줄 몰랐던 아르카스가 창으로 곰을 찌르려고 하자 제우스가 그들 모자를 불쌍히 여겨 그 앞을 짙은 안개로 감싸고 둘을 데려다 별자리로 삼는다. 그 별자리가 큰곰과 작은곰 자리이다.

하지만 그들에게 영광의 별자리가 어울리지 않는다고 생각한 헤라 여신은 포세이돈에게 부탁하여 그들이 낮 동안 바다에서 휴식을 취하지 못하게 해 달라고 한다. 그렇게 해서 큰곰과 작은곰 자리는 붙박이 별자리가 되었다.

아르테미스 여신은 자신처럼 전사이며 또한 남자들의 굴레에서 자유로운 아마존 전사들의 수호자로 여겨진다. 에페소스의 아르테미스 대신전은 아마존 전사들Amazones에 의해 지어졌다고 한다. 아마조네스는 여성으로만 이루어진 민족으로 남자들의 도움 없이 스스로 다스렸으며 우두머리도 여왕이었다. 남자들은 천한 일을 하는 노예의 신분으로만 그녀들과 함께 살 수 있었다.

사냥을 즐기는 아르테미스 여신

아마존 전사들은 어린 시절에 오른손잡이인 경우에는 오른쪽 가슴을, 왼손잡이인 경우에는 왼쪽 가슴을 심할 경우에는 도려내거나 아니면 대부분 단단한 가죽 끈으로 동여매어 발육을 제한시켰다. 그 이유는 단지 활이나 창을 쓰는 데 불편하지 않도록 하기 위한 조치였다. 바로 이러한 관습 때문에 그녀들에게 아마조네스라는 이름이 붙여진다. 아마조네스란 그리스어로 '젖가슴이 없는 여인들' 이라는 뜻이다.

## 5. 헤파이스토스

헤파이스토스Hephaistos는 로마에서 불카누스Vulcanus라고 불렸으며 대장장이 신이며 불을 주재하는 신이다. 그의 상징은 손에 든 대장장이 망치이다.

헤파이스토스의 로마 이름인 불카누스는 화산volcano과 연관된다. 그 이유는 대장장이 신이었던 그는 언제나 뜨거운 불과 함께 하는 신이기 때문이다. 르네상스 시기의 화가들이 대부분 헤파이스토스를 묘

헤파이스토스

사할 때 그를 붉은 색으로 채색하는 것도 같은 이유에서이다.

헤파이스토스는 헤라 여신이 아무런 남신이나 남성의 도움 없이 스스로 잉태하여 탄생시킨 신이다. 헤시오도스의 『신통기』 927-929행에 보면 제우스가 아테나 여신을 낳은 것에 대한 분노로 헤라 여신이 그렇게 했다고 쓰여 있다. 그러나 이미 아테나 여신의 탄생을 통해 정과 망치를 이용해 제우스의 두개골을 조금 깨트린 신이 헤파이스토스였음을 보았다. 그렇다면 헤파이스토스는 아테나 보다 먼저 탄생했어야만 한다.

헤파이스토스는 한쪽 얼굴이 일그러지고 한쪽 다리를 절었던 신으로 유명하다. 그의 이러한 모습과 관련된 다양한 전승들이 있다.

가장 쉽게 접할 수 있는 전승은 헤파이스토스가 다름 아닌 대장장이 신이었기 때문이라는 것이다. 대장장이 일을 하기 위해서는 계속해서 풀무질을 하면서 뜨거운 불을 마주해야만 한다. 불길을 살리기 위해 풀무질을 계속해서 하다 보니까 한쪽 다리의 근육만이 발달되어 절름발이가 되었다는 것이다. 그리고 뜨거운 불에서 나오는 열기를 피하기 위해 고개를 한쪽으로 돌리고 얼굴을 찡그리다 보니까 한쪽 얼굴이 일그러졌다는 것이다. 그러나 이러한 전승은 받아들여질 수 없다. 우리는 지금 신에 대해서 이야기하고 있다. 그런데 그 신이 그것도 자신이 주재하는 일 때문에 한쪽 얼굴이 일그러지고 한쪽 다리를 절게 되었다는 것은 아무리 신화시대라고 하더라도 쉽게 인정하기 어렵다. 이러한 전승은 신으로부터 신성을 완전히 제거해야만 가능해진다. 따라서 이 전승은 그리스 신화시대 이후 새롭게 각색된 이야기로 보아야 할 것이다.

우리가 관심 있게 다루어야 할 전승은 두 가지이다. 하나는 호메로스의 『일리아스』에 나오는 것이고 또 하나는 플라톤의 『에우튀프론』에 나오는 것이다. 둘 모두의 공통점은 헤파이스토스가 헤라 여신이 스스로 탄생시킨 신이라는 사실이다.

먼저 호메로스의 『일리아스』에 따르면 헤파이스토스는 탄생할 때에는 정상적인 모습이었다고 한다. 그런데 제우스와 헤라 여신이 헤파이스토스 문제로 서로 다투고 있을 때 어린 헤파이스토스가 헤라 여신의 편을 든다. 이에 화가 난 제우스가 헤파이스토스를 발길질로 걷어 차버린다. 헤파이스토스는 렘노스 섬으로 떨어지게 되는데 이때 얼굴이 땅에 먼저 닿아 한쪽 얼굴이 일그러지고 떨어질 때의 충격으로 영원히 한쪽 다리를 절게 된다.

플라톤의 『에우튀프론』*Euthyphron*에서는 다른 이야기가 전해진다. 헤파이스토스는 남성성의 도움 없이 잉태되어 탄생하였기 때문에 태어나면서부터 한쪽 얼굴이 일그러지고 한쪽 다리를 절었다. 이러한 이야기는 그리스 신화에 내재되어 있는 가부장적인 특징들에 기초로 하고 있는 것이다. 다시 말해 남성성이 결여된 생명의 탄생은 불완전할 수밖에 없음을 보여준다.

최고의 여신이 낳은 자식이 온전치 못하다는 사실이 다른 여신들에게 알려졌을 때 수치라고 생각한 헤라 여신은 헤파이스토스를 다른 신들의 눈에 띄지 않도록 감추기로 결심하고 바다로 던져 버린다. 하지만 바다에 버려진 헤파이스토스는 테티스Thetis 여신에 의해 목숨을 구하게 되고 9년 동안 바다에 있는 그녀의 신궁에서 보살핌을 받는다.

9년이 지난 어느 날 올림포스에서 헤라 여신의 생일잔치가 성대하게 열린다. 그때 헤파이스토스는 어머니에게 복수하기 위해 황금 보좌를 만들어 아무도 모르게 헤라 여신에게 보낸다. 헤라 여신이 너무도 아름다운 그 보좌에 앉자마자 헤라 여신의 손과 발이 결박되고 만다. 하지만 그 누구도 그 결박을 풀어낼 수가 없었다. 헤파이스토스만이 그 비밀을 알고 있기 때문이다. 그래서 제우스를 비롯한 올림포스 신들은 헤파이스토스를 데려오기 위해 디오뉘소스를 보낸다. 디오뉘소스는 어린 헤파이스토스를 포도주에 취하게 한 후 당나귀에 태우고 함께 올림포스로 돌아온다. 올림포스로 돌아온 헤파이스토스는 헤라 여신과 화해하고 그녀의 결박을 풀어준다.

헤파이스토스의 귀환

이러한 두 가지 전승 중에서 어느 것이 올바른지에 대해서는 「트로이아 전쟁」을 통해서 스스로 찾아가게 될 것이다.

아테나, 판도라, 헤파이스토스

헤파이스토스는 최초의 여성인 판도라를 만드는 데에도 참가하여 진흙으로 그녀를 빚었다. 그리고 제우스의 명을 받아 프로메테우스를 카우카소스 산에 묶는 쇠사슬을 만들었다. 신화에서는 그가 스스로 방향을 잡아 움직이는 퀴베르네테스Kybernetes를 만들었다고 이야기되기도 하는데 그것으로부터 사이버cyber와 인공두뇌학cybernetics이라는 용어가 유래한다.

헤파이스토스는 외모는 흉했지만 대단히 아름다운 여신을 아내로 맞게 되는데 그녀가 바로 아프로디테이다.

## 6. 아프로디테

아프로디테Aphrodite는 로마에서 베누스Venus라고 불렸으며 사랑과 아름다움의 여신이다. 그녀는 바다 위에 떨어진 우라노스의 피가 거품이 되어 떠돌아다니다가 그 거품에서 탄생한 여신이다. 아프로디테의 상징 새는 비둘기이며 상징 꽃은 장미이다. 아프로디테와 관련되는 달은 4월인데 그 이유는 그녀의 탄생과 더불어 세상에 봄과 같은 기운이 움텄기 때문이다. 그녀는 케스토스 히마스kestos himas라는 가죽으로

아프로디테

된 마법의 허리띠를 했던 여신으로도 알려져 있는데 그녀가 이 허리띠를 매고 하는 유혹은 어떤 신이나 인간도 헤어날 수 없도록 만든다.

아프로디테 여신 주변에는 다양한 신화들이 있지만 그중에서도 그녀의 사랑 이야기가 가장 많다. 그것은 그만큼 그녀가 많은 사랑을 나누었기 때문인데 제우스의 사랑만큼은 아니더라도 가히 비교할 만하다.

아프로디테 여신이 등장하자 올림포스는 한바탕 소란을 치르게 된다. 많은 여신들이 그녀의 아름다움을 시기했고 많은 남신들은 매일같이 그녀에게 자신의 사랑을 받아달라고 구애했다. 제우스와 헤라 여신은 이 같은 사태를 빨리 해결하기 위해 그녀를 혼인시키기로 한다. 하지만 그녀가 누구와 혼인하느냐에 따라 소란과 시기는 더 커질 수 있는 상황이다. 그래서 제우스와 헤라는 그녀를 헤파이스토스와 혼인시키기로 한다. 헤파이스토스는 제우스와 헤라의 권유로 아프로디테와 혼인하지만 대장장이 일이 바쁘다는 이유로 그녀에게 무관심했다. 그러자 아프로디테 여신은 자신에게 관심을 보이지 않는 헤파이스토스 대신 자신에게 계속해서 사랑을 고백하는 아레스Ares와 은밀한 사랑을 나누게 된다.

아프로디테 여신은 아레스와 가장 오랫동안 가장 열정적인 관계를 지속했던 것으로 보인다. 그들 사이에서는 다섯의 자녀들이 태어나는데 공포의 신인 데이모스, 걱정과 두려움의 신인 포보스, 조화의 여신인 하르모니아, 에로스와 안테로스가 그들이다. 데이모스Deimos와 포보스Phobos가 먼저 태어났다는 것으로부터 아레스와 아프로디테가 사랑을 나눌 당시의 그들의 심리적 상태가 어떠했는지를 짐작할 수 있다. 그들은 헤파이스토스의 눈을 피해 부적절한 사랑을 나누고 있었기 때문에 사랑을 나누면서도 공포와 두려움의 심정을 떨쳐버릴 수 없었던 것이다. 하지만 하르모니아Harmonia 여신이 태어났다는 것은 둘이 진정으로 서로를 사랑하고 있었음을 보여준다.

아프로디테 여신과
헤파이스토스

그러나 그러한 그들의 사랑도 영원히 비밀로 유지될 수는 없었다. 아프로디테와 아레스가 사랑을 나누던 중 태양에게 들키게 되고 태양신인 아폴론은 헤파이스토스의 작업장으로 찾아가 이 사실을 말해 준다. 그러자 헤파이스토스는 신궁으로 돌아와 침실 위 천장에 눈에 보이지 않는 청동으로 된 그물을 만들었다. 헤파이스토스가 다시 작업장으로 돌아간 그날 밤 아프로디테와 아레스는 함께 그 청동 그물에 갇히고 만다. 헤파이스토스는 올림포스 신들 모두를 불러 이 광경을 보게 했다. 헤파이스토스는 그렇게 함으로써 아프로디테와 아레스가 다시는 부적절한 관계를 지속하지 못하도록 함과 동시에 다른 신들에게

아프로디테와 아레스의 사랑

는 경고를 하려 했던 것이다. 헤파이스토스의 첫 번째 바람은 이루어져 후로 아프로디테와 아레스는 더 이상 만나지 않았지만 그의 두 번째 바람은 이루어지지 않았다.

아프로디테와 아레스의 사랑 이야기는 르네상스 시기에 만들어진 많은 예술 작품들의 소재로 사용되었다. 실제로 그들의 사랑을 묘사한 회화작품들은 지금까지도 많이 전해지고 있는데, 그 이유는 르네상스 시기에 주로 귀족 집안의 신혼부부들에게 그러한 그림이 결혼 선물로 주어졌던 풍습이 있었기 때문이다. 당시의 사람들은 그 그림을 통해 세상에서 가장 호전적인 사내마저도 굴복시키는 것이 여인의 사랑의 힘이라고 생각했던 것 같다. 나폴레옹과 관련해 잘 알려진 '세상을 지배한 것은 나폴레옹이었고 나폴레옹을 지배한 것은 조세핀이었다' 라는 표현도 동일한 전통에서 유래하는 것이다.

아프로디테 여신은 헤르메스와의 사랑을 통해서 인간인 헤르마프로디토스Hermaphroditos라는 아들을 낳는다. 헤르마프로디토스란 헤르메스와 아프로디테 두 이름을 합친 것이다. 헤르마프로디토스는 한 몸에 남성과 여성의 양성을 함께 지니고 있었던 인물로 전해지는데 이에 대해서는 다음과 같은 신화가 있다.

타고난 미남이었던 헤르마프로디토스는 15살이 되자 온 세상을 두루 돌아다니기 시작했다. 그러던 중 소아시아의 카리아에 있는 아름다운 호수 근처를 지나가게 되었다. 헤르마프로디토스가 목을 축이기 위해 호수 물을 마실 때 그 호수를 지키던 살마키스라는 님프가 그의 모습을 보자마자 사랑에 빠지고 만다. 그래서 살마키스Salmacis는 그에게 구애하지만 거절당한다. 살마키스는 단념하는 체 하면서 물러갔고 호수의 맑은 물에 매혹당한 헤르마프로디토스는 옷을 벗고 호수로 들어갔다. 자신의 영역에서는 무엇이든 할 수 있었던 님프인 살마키스는 호수 안으로 들어온 헤르마프로디토스에게 달라붙어 버렸다. 헤르마프로디토스는 그녀를 밀어내려고 했지만 뜻대로 되지 않았다. 살마키스가 신들에게 자신들의 몸이 절대로 떨어지지 않도록 해달라고 기도했기 때문이었다. 신들은 살마키스의 기도를 들어주어 양성을 지닌 새로운 존재로 결합시켰다. 고대 그리스인들은 양성을 한 몸에 지니고 있었던 존재를 이러한 신화를 통해 설명하려고 했을 것이다.

헤파이스토스의 청동그물에 갇힌
아프로디테와 아레스

아프로디테 여신의 애정 행각은 신들에게만 국한되지 않았다. 그녀

아프로디테와 아레스의 사랑이 묘사된 그림

가 인간인 아도니스Adonis와 나눈 사랑 이야기는 유명한 일화이다. 아도니스는 키프로스의 왕이었던 퀴니라스와 그의 딸이었던 뮈르라 혹은 스뮈르나 사이에서 태어난다. 퀴니라스의 아내였던 켕크레이스는 자신의 딸인 스뮈르나가 아프로디테 여신보다 더 아름답다고 자랑하여 여신의 분노를 사게 된다. 아프로디테 여신은 그 잘못에 대한 벌로 스뮈르나로 하여금 아버지인 퀴니라스를 사랑하게 만든다. 스뮈르나는 유모의 도움으로 열두 밤을 퀴니라스와 함께 보낸다. 그런데 열두 번째 밤 퀴니라스가 그 사실을 알고 칼을 뽑아 스뮈르나를 죽이려고 한다. 도망치던 스뮈르나가 신들에게 도움을 요청했고 신들은 그녀를 뮈르라 나무로 변신시켰다. 열 달 후에 나무껍질이 부풀어 오르고 벌어지더니 사내아이가 하나 태어나는데 그가 바로 아도니스였다. 아프로디테는 그 아이를 거두어 지하세계의 안주인인 페르세포네Persephone 여신에게 양육을 부탁한다.

아도니스가 장성하자 두 여신 모두 그에게 마음을 빼앗긴다. 두 여신의 싸움은 결국 제우스의 중재로 일단락된다. 제우스의 판결은 아도니스가 1년의 3분의 1은 지상에서 아프로디테와 3분의 1은 지하에서 페르세포네와 그리고 나머지 3분의 1은 자신이 원하는 곳에서 살도록 하는 것이었다. 그런데 아도니스는 1년의 3분의 2를 아프로디테와 보내고 페르세포네와는 3분의 1만 함께 지냈다. 아프로디테 여신이 아도니스를 케스토스 히마스로 유혹해 놓아주지 않았기 때문이다. 이에 화가 난 페르세포네 여신은 아도니스의 영혼만이라도 영원히 소유하기 위해 그가 사냥을 하고 있을 때 멧돼지를 부추켜 그를 죽이게 한다. 신화에서는 그가 흘린 피에서 붉은 색 아네모네 꽃이 피었다고 한다.

아도니스를 놓아주지 않는 아프로디테

나무에서 태어난 아이가 1년의 3분의 1은 땅속에서 지내고 나머지 기간은 땅위로 올라와 사랑의 여신과 함께 지낸다는 이 이야기는 땅속에 있던 씨앗이 봄이 되어 땅위로 자라나와 열매를 맺고 결실을 보게 되는 식물 생장의 신비를 상징하는 것이라고 볼 수 있다.

아프로디테 여신은 앙키세스Anchises라는 인간과도 사랑을 나누었다. 아프로디테 여신은 그에게 자신과의 사랑을 누구에게도 이야기하지 말라고 경고했다. 그러나 앙키세스는 어느 축제 날 포도주를 너무 많이 마시는 바람에 자신이 아프로디테 여신과 사랑을 나누었음을 떠벌리고 말았다. 여신과의 비밀을 자랑삼아 떠벌리는 앙키세스에게 화가 난 제우스는 불벼락으로 그를 절름발이로 만들었다. 아프로디테 여신과 앙키세스 사이에서 아이네이아스가 태어난다. 아이네이아스Aineias는 트로이아 전쟁 때 트로이아 진영에서 싸운 뛰어난 영웅이다. 그의 모험담에 대해서는 「트로이아 전쟁」에서 보게 될 것이다.

## 7. 디오뉘소스

디오뉘소스Dionysos는 박코스Bakchos라고도 불린다. 로마에서는 그 이름을 따서 바쿠스Bacchus라고 불렀으며 포도와 포도주를 주재하는 신이다. 디오뉘소스가 주재하는 포도와 포도주는 생명력과 젊음을 상징한다. 그는 포도넝쿨 관을 쓰고 있고 포도넝쿨이 휘어 감긴 홀을 든 상징을 하고 있다. 그에게는 '어머니가 둘인 자' Diometor, '세 번 태어난 자' Trigonos, '여러 번 혹은 거듭 태어나는 자' Polygonos 등과 같은 별명들이 있다.

디오뉘소스는 제우스와 인간의 여인인 세멜레Semele 사이에서 잉태되지만 아테나 여신과 마찬가지로 어머니로부터 순조롭게 탄생하지는 못한다.

카드모스와 하르모니아 여신의 딸이었던 세멜레는 제우스의 사랑을 받는다. 헤라 여신은 이 둘의 관계를 세멜레가 디오뉘소스를 잉태하고 나서야 알게 된다. 이것을 괘씸히 여긴 헤라 여신은 세멜레를 응징하기 위해 그녀의 어린 시절 유모였던 베로에의 모습으로 변신하여 그녀를 찾아간다. 세멜레는 헤라 여신이 변신한 모습이라고는 꿈에도 생각하지 못한 채 오랜만에 만난 베로에와 많은 이야기들을 나눈다. 그러던 중 세멜레는 자신이 사랑에 빠져 있으며 자신이 사랑하는 대상이 최고의 신인 제우스임과 지금 그의 아이를 태중에 잉태하고 있다고 말한다.

베로에로 변신한 헤라 여신은 세멜레에게 불신의 마음을 불어 넣기 시작한다. 「사랑의 신화」에서 다시 다루겠지만 그리스 신화에서 사랑은 서로에 대한 믿음을 기초로 한다. 헤라 여신이 세멜레에게 불신의 마음을 불어 넣는 것은 제우스와 세멜레의 관계가 더 이상 지속되지 않도록 하기 위한 것이다.

제우스는 빛을 주재하며 불벼락을 사용하는 신이었기 때문에 죽을 수밖에 없는 운명의 인간이 제우스의 천상의 모습을 그대로 보게 되면 그 광채에 불 타 죽게 된다. 그래서 제우스가 세멜레에게 올 때는 언제나 변신한 모습이었다. 이 사실을 알고 있는 헤라 여신은 세멜레가 사랑하고 있는 대상이 제우스임을 어떻게 확신할 수 있는지를 물어본다. 실제로 세멜레는 제우스의 천상의 모습을 한 번도 본 적이 없었다. 그녀는 단지 제우스의 말을 그대로 믿고 있었을 뿐이었다. 하지만 베로에로 변신한 헤라 여신이 끈질기게 그런 이야기들을 하자 그녀의 마음도 서서히 흔들리기 시작했다.

헤라 여신이 돌아간 후 저녁이 되자 제우스는 아무 것도 모른 채 세멜레를 찾아온다. 세멜레가 제우스에게 자신의 부탁을 들어줄 수 있는지를 물어보자 제우스는 경솔하게도 스튁스 강에 걸고 세멜레의 부탁

제우스의 허벅지에서 탄생하는 디오뉘소스와 이를 지켜보는 헤르메스

이라면 무엇이든 들어주겠노라고 맹세한다. 세멜레는 제우스에게 위엄을 갖춘 본래의 모습을 보여 달라고 요구했다. 제우스는 그 결과를 미리 알고 있었지만 이미 스튁스 강에 걸고 한 맹세였기 때문에 그로서도 어쩔 수가 없었다.

결국 제우스는 세멜레의 요구대로 천상의 모습 그대로 모든 신적인 영광 가운데 나타난다. 세멜레는 자신이 사랑했던 대상이 정말로 제우스였음을 확인함과 동시에 그 광채 때문에 그 자리에게 불타 죽게 된다. 세멜레의 죽음은 자신의 사랑을 믿지 못한 것에 대해 대가를 치르는 것이자 스튁스 강에 한 맹세가 이루어지는 사건이다. 그러나 그녀의 태중에 있는 디오뉘소스마저 죽음을 맞이할 이유는 없는 것이다. 그래서 제우스는 세멜레에게서 채 6개월이 되지 않은 아이를 꺼내 자신의 허벅지에 넣고 꿰맸다. 그로부터 3개월이 지나서 제우스의 허벅지로부터 어린 생명이 태어나게 되는데 그가 디오뉘소스이다. 어머니가 둘인 자라는 그의 별명은 여기에서 생긴 것인데 자신을 잉태해 준 세멜레와 자신을 낳은 제우스를 가리키는 것이다.

제우스는 이 아이를 전령신인 헤르메스에게 맡겼고 헤르메스는 오르코메노스의 왕이었던 아타마스와 그의 두 번째 아내인 이노에게 아이를 양육하게 했다. 그러나 헤라 여신에 의해 아타마스와 이노가 실

뉘사 산에서 어린시절을 보내는 디오뉘소스

성하게 되자 제우스는 그 아이를 그리스에서 멀리 떨어진 인도의 뉘사 산으로 옮겨 그곳의 님프들에게 양육하게 했다. 이러한 모습은 제우스가 어머니인 레이아 여신에 의해 크로노스에게 삼켜질 운명을 피한 뒤 트로이아 인근의 이데 산으로 옮겨져 아말테레이아 님프들의 보살핌을 받았던 것과 매우 유사하다. 디오뉘소스라는 이름은 '뉘사 산에서 자란 제우스'라는 뜻이다. 디오뉘소스가 인도의 뉘사 산에서 양육되었다는 이러한 이야기가 고대 그리스인들 사이에서 이야기될 때에는 이미 그리스와 인도의 교역이 가능했던 시기였음을 짐작할 수 있다.

뉘사 산에서 어린 시절을 보낸 디오뉘소스는 그리스 본토로 돌아오기로 결심한다. 그래서 지나가던 티레노이 해적들의 배에 태워 달라고 한다. 해적들이 어린 아이의 모습을 한 디오뉘소스에게 그의 아버지가 누구인지를 물어보자 디오뉘소스는 지극히 높고 위대하신 분이라고 대답한다. 이에 해적들은 이 아이를 데려다 주면 큰 상을 받게 될 것이라고 기대하고 아이를 자신들의 배에 태운다. 그러나 해적들은 항해

돌고래로 변하는 선원들

도중 마음을 바꾸게 되는데 이 아이를 노예로 팔아 버리면 훨씬 많은 몸값을 받을 수 있을 것이라고 생각했기 때문이었다. 해적들이 아이를 잡아 밧줄로 묶으려고 하자 디오뉘소스는 노를 뱀으로 변하게 하고 덩굴로 배를 뒤덮었으며 돛대에는 포도넝쿨이 휘감기게 했다. 그리고 디오뉘소스 옆에는 어디선가 나타난 호랑이와 표범이 그를 지키고 있었다. 이에 놀란 해적들은 미쳐서 스스로 바다에 뛰어들어 돌고래가 되었다고 한다. 이때 처음부터 디오뉘소스의 비범함을 알아채고 음모를 반대했던 아코이테스라는 항법사만이 살아남았다.

고대 그리스인들은 이러한 신화를 통해 디오뉘소스의 비범함과 돌고래들이 사람과 친숙한 이유를 설명해 주고 있다. 돌고래들이 난파당한 뱃사람들을 구하려는 것은 디오뉘소스에게 지은 죄를 뉘우치는 해적들이기 때문이라는 것이다. 그리고 디오뉘소스를 수호하는 호랑이와 표범은 그리스 본토에는 없었던 동물로 인도와의 교역을 보여주는 것이다. 디오뉘소스는 아코이테스와 함께 낙소스 섬으로 가게 되는데 그곳은 디오뉘소스 신앙의 발원지가 된다.

디오뉘소스는 사튀로스인 실레노스Silenos로부터 포도즙을 짜는 방법을 배우게 된다. 디오뉘소스의 별명 중 '세 번 태어나는 자'라는 것은 그와 어머니인 세멜레, 아버지인 제우스 그리고 스승인 실레노스와의 관계에서 유래하는 것이다. 그리고 '거듭 태어나는 자' 라는 별명은 포도가 해마다 재배되고 포도주도 해마다 새롭게 담기 때문에 유래하는 것이다.

포도즙 짜는 방법을 처음으로 알아낸 실레노스는 지혜로운 사튀로스였지만 자신이 만든 포도주에 항상 취해 있었다. 그가 술에 취해 길가에서 잠들어 있던 어느 날 마침 그곳을 지나던 프리기아의 왕이었던 미다스Midas가 그를 발견한다. 미다스는 실레노스를 자신의 왕궁으로 데려가 깨끗하게 씻기고 새 옷으로 갈아입힌 후 융숭하게 대접한다. 그 사실을 알게 된 디오뉘소스는 미다스에게 무엇이든 한 가지 소원을 들어 주겠다고 했다. 미다스는 자신이 만지는 모든 것이 금으로 변하게 되는 능력을 달라고 했다.

그리스 신화에서는 이처럼 신이 인간의 소원을 들어줄 때 대개 한 가지 소원을 들어주게 된다. 이것은 우리의 전통 신화들에서 이야기되는 세 가지 소원과는 차이가 있다. 그런 점에서 보자면 우리의 전통 신화에 훨씬 많은 여유와 관용의 미덕이 녹아 있는 것이 아니겠는가.

아무튼 디오뉘소스가 그의 소원을 허락하자 미다스는 기쁜 마음으로 자신의 새로운 능력을 시험해 보았다. 그렇게 하루가 지났다. 저녁이 되자 미다스는 시중들에게 식사를 준비하라고 지시했다. 그러나 입안에 빵 조각을 넣으려는 순간 빵은 금으로 변했고 포도주도 마찬가지였다. 결국 갈증과 허기로 죽게 된 미다스는 디오뉘소스에게 이 능력을 거두어 달라고 애원하게 되었다. 한 가지 소원을 들어주겠다고 했던 디오뉘소스는 자신의 스승을 정성으로 보살펴준 미다스를 죽게 내버려둘 수만은 없었다. 그래서 디오뉘소스는 미다스에게 이 소원도 허락하여 팍톨로스 강으로 가서 손을 씻으라고 했다. 미다스는 디오뉘소스가 일러준 대로 하고 궁으로 돌아와 다시 저녁식사를 받았다. 빵과 포도주는 더 이상 금으로 변하지 않았다. 하지만 그가 손을 씻은 팍톨로스 강물에는 금조각들이 가득 들어 있었고 사람들은 그곳에서 금을 채취할 수 있었다. 고대 그리스인들은 사금이라는 신비한 자연현상을 이러한 신화를 통해서 설명하려고 했던 것이다.

디오뉘소스는 낙소스 섬에서 아리아드네를 데려다 자신의 천상의 배필로 삼는다. 아리아드네는 미궁으로 들어가 미노타우로스를 죽인 영웅 테세우스에게 실타래와 칼을 주었던 여인이다.

디오뉘소스는 그리스에서 행해오던 기존의 제례 형태에 포도주와 노래와 춤이라는 새로운 요소들을 접목시키는데 그렇게 만들어진 것이 바로 디오뉘소스 제례이다. 이 제례에서 디오뉘소스는 떠들썩한 행렬로 숭배되었다. 이 행렬에는 가면을 쓴 인물들이 함께 했는데 그들은 대지와 풍요의 정령들의 모습을 나타낸다.

디오뉘소스 축제

디오뉘소스 제례 행렬

지금 알려지고 있는 디오뉘소스 신앙은 광란의 성격을 지닌 축제의 형태이다. 인간과 반인반마를 포함한 모든 참가자들이 술에 취해서 제 정신을 가누지 못할 뿐만 아니라 성적으로도 매우 타락한 모습으로 그려지고 있다. 그러나 이러한 형태는 로마 시대와 기원전 2세기부터 이탈리아 남부와 중부의 산악 지대에 살았던 덜 문명화된 사람들 사이에서 통용되던 모습이다. 그렇게 왜곡된 모습을 통해 디오뉘소스 신앙은 제례가 아닌 광란의 축제로 기억되고 있는 것이다.

그렇다면 디오뉘소스 제례의 본래 모습은 어떠했을까? 위에 보이는 석판은 나폴리 고고학 박물관에 소장되어 있는 것으로 디오뉘소스 제례 행렬을 묘사하고 있다. 포도넝쿨이 휘감긴 홀을 들고 표범의 수호를 받는 디오뉘소스를 두 명의 사람이 제례장으로 인도하는 모습이다. 앞의 여인은 북을 치고 있고 뒤에 있는 남자는 아울로스를 불고 있다. 이 석판에서 주목해서 보아야 하는 것은 디오뉘소스를 인도하는 사람들의 발 모양이다. 둘 모두 발뒤꿈치가 들려 있음을 볼 수 있다. 발뒤

병색이 완연한 디오뉘소스

꿈치를 모두 들어 올리고 걷는다는 것은 조심스러움과 경건함을 표현한다. 이러한 자료를 통해서 보더라도 디오뉘소스 제례가 그 본래의 모습이 아니라 광란의 축제로 전해지고 있는 것은 디오뉘소스에 대한 이야기가 일정 부분 왜곡되었음을 짐작할 수 있게 해주는 부분이다.

디오뉘소스에 대한 잘못된 정보와 왜곡은 지속적으로 이어져 다음과 같은 작품의 주인공이 되기도 했다. 이 작품은 이탈리아 밀라노 출신의 화가였던 카라바조의 것으로 디오뉘소스를 병색이 완연한 모습으로 그리고 있다. 이 작품에서 디오뉘소스는 너무 많은 포도주를 마신 결과 창백한 얼굴에 눈 밑에는 다크 서클이 짙게 드리워진 모습을 하고 있다. 그러나 이러한 생각은 헤파이스토스가 한쪽 얼굴이 일그러지고 한쪽 다리를 절게 된 이유를 설명할 때 이미 밝혔듯이 그리스 신들로부터 신성을 모두 제거했을 때라야 가능한 것이다. 다른 그리스 신화들도 사정이 크게 다르지는 않지만 디오뉘소스 신화는 그 중에서도 특히 중세 이후 서양 문화에서 가장 심각한 왜곡과 탄압의 대상이 된다.

그러나 디오뉘소스 신화는 그리스뿐만 아니라 이웃나라들에서 차용해 온 다양한 이야기들을 포함하고 있는데 특히 그리스 문화와 아시아 혹은 인도 문화와의 접목을 보여주고 있다. 또한 그리스 제례 형태에 새로운 요소들이 들어오게 되고 그로부터 디오뉘소스 신앙이 그리스의 새로운 제례 형태로 인정되었다는 것은 그리스 신화의 개방적인 모습을 보여준다.

## 8. 하데스

하데스Hades는 로마에서 플루토Pluto라고 불렸으며 지하세계를 주재하며 죽은 자들을 다스리는 신이다. 플루토라는 이름은 플루톤Pluton이라는 그의 별명에서 유래하는 이름이다. 플루톤은 '부유한 자' 라는 뜻이다. 하데스의 이러한 별명은 지하세계가 인간의 부유함이나 풍요와 관련되어 있다는 고대 그리스인들의 생각을 보여준다. 우라늄이 핵변환을 하여 만들어지는 원소인 플루토늄plutonium도 관련된 단어에서 유래한다.

하데스는 퀴니에kynee를 상징으로 하고 있다. 퀴니에는 머리에 쓰면 형체가 보이지 않게 되는 투구로 퀴클로페스 3형제가 만들어 준 것이다. 지하세계를 주재하고 죽은 자들을 다스리는 신의 상징이 퀴니에라는 것은 죽음이란 인식의 대상이 아니라 부지불식간에 찾아오는 것임을 의미한다.

하데스는 그리스 신화에서 자신의 아내가 될 페르세포네Persephone를 납치하는 이야기로 잘 알려져 있다. 하데스는 12 주신이 된 이후에도 오랫동안 혼인을 하지 못한 채 홀로 지내고 있었다. 왜냐하면 지하

하데스와 그의 아내 페르세포네 여신
그리고 케르베레스

세계의 주인인 그와 혼인하게 된다면 영원히 어두운 지하세계에서 지내야 하기 때문에 선뜻 누구도 그와의 혼인을 허락하지 않았기 때문이었다. 하데스가 혼인하지 못한 채로 지내고 있는 것은 대신인 제우스에게도 커다란 고민거리가 아닐 수 없었다.

하데스는 평소에 제우스와 데메테르 여신의 딸인 페르세포네를 흠모하고 있었다. 그래서 하데스는 결국 페르세포네 여신을 납치하기로 하고 검은 색 네 마리 말이 모는 사두마차를 타고 지상으로 올라온다. 하데스는 검은 색 4두마차를 탔던 것으로 유명한데 그리스 신화에서 검은 색은 죽음을 상징하는 색이다. 인간 중에서 검은 색 말이 끄는 마차를 탔던 것으로 유명한 자는 아킬레우스이다. 검은 색과 관련된 이러한 관념은 서구인들에게 지속적으로 이어지고 있는데 가톨릭 성직자들이 검은 색 복장을 하는 것은 신의 뜻을 전하기 위해 죽음까지도 두려워하지 않음을 상징적으로 나타내는 것이다.

지상으로 올라 온 하데스는 시칠리아의 엔나 들판에서 님프들과 꽃을 꺾고 있는 페르세포네 여신을 발견한다. 하데스는 그녀가 님프들과 멀리 떨어지는 순간을 기다렸다가 다짜고짜 그녀를 납치하여 지하세계로 데려가 버린다. 페르세포네 여신은 납치될 때 비명을 질렀고 딸의 비명소리를 들은 데메테르 여신이 놀라서 그 소리가 난 쪽으로 달려가 보았지만 딸의 모습을 찾을 수가 없었다. 데메테르 여신은 9일

밤낮을 딸을 찾아 헤매었지만 딸의 흔적조차 발견할 수 없었다. 하데스의 납치 장면을 유일하게 목격한 헬리오스가 그 사실을 데메테르 여신에게 이야기하고 나서야 그녀는 딸이 하데스에게 납치되었다는 것을 알게 된다.

페르세포네 여신을 납치하는 하데스

그러나 데메테르 여신은 딸을 찾기 위해 지하세계로 갈 수가 없었다. 왜냐하면 아무리 12 주신이라고 하더라도 하데스가 다스리는 지하세계 곧 죽음의 땅을 마음대로 출입할 수는 없었기 때문이다. 그래서 데메테르 여신은 올림포스로 제우스를 찾아가 자신의 딸을 구해줄 것을 간청한다. 데메테르 여신의 이야기를 들은 제우스는 난감해 한다. 왜냐하면 이번 일로 인해서 자신의 고민거리였던 하데스의 혼인을 성사시킬 수도 있지만 그렇게 된다면 데메테르 여신의 분노를 가라앉힐 수 없기 때문이었다.

결국 제우스는 전령신인 헤르메스를 불러 즉시 하데스로 가서 페르세포네 여신이 여태껏 아무 것도 먹지 않고 저항하고 있다면 그녀를 데메테르 여신의 곁으로 데려오고 만일 무엇이라도 먹은 것이 있다면 그녀와 하데스의 혼례를 준비하라고 명한다. 제우스가 그러한 중재를 한 것은 누구든지 죽음의 땅에 들어와 어떤 음식이라도 먹으면 더 이상 산 자들의 곁으로 되돌아갈 수 없었기 때문이었다.

이미 다루었지만 헤르메스는 제우스의 심중을 헤아려서 그 뜻을 실

헤르메스의 재치로 이루어진
하데스와 페르세포네의 결혼

현시키는 신이다. 바로 이 신화를 통해 전령신인 헤르메스의 진가를 확인할 수 있다. 제우스의 명을 받은 헤르메스는 그 즉시 지하세계로 내려간다. 하지만 지하세계에 도착한 헤르메스는 페르세포네의 상태를 살피기에 앞서 먼저 하데스를 만난다. 그리고 제우스가 자신에게 내린 명을 하데스에게 이야기 한다.

그러자 하데스는 헤르메스에게 잠시만 기다려달라고 한 후 쟁반에 석류를 담아 페르세포네 여신이 있는 방으로 간다. 그리고 페르세포네 여신에게 지금 그녀를 데려가기 위해 제우스의 명을 받은 헤르메스가 밖에서 기다리고 있다고 이야기한다. 그러면서 헤르메스를 만나고 나서야 자신이 여신에게 얼마나 큰 잘못을 했는지를 알게 되었다고 한다. 그러니 깊이 후회하고 있는 자신을 조금이라도 용서해 준다는 의미에서 준비한 과일이라도 하나 먹을 것을 권한다. 페르세포네 여신은 하데스의 이 부탁만 들어주면 어머니 곁으로 갈 수 있다는 생각에서 석류를 한 알 집어 먹고 만다. 이 모든 광경을 헤르메스가 지켜보았다. 헤르메스는 곧장 올림포스로 돌아가 페르세포네 여신이 지하세계의 음식을 먹었다고만 전한다. 그렇게 해서 하데스와 페르세포네 여신은 혼인을 하게 된다.

데메테르 여신

그러나 영원히 어둠 속에서 갇혀 지내게 될 딸의 운명에 괴로워하는 데메테르 여신을 위해 제우스는 다시 페르세포네 여신이 1년의 반은 지하세계에서 하데스와 함께 지내고 나머지 반은 지상으로 올라와 어머니 곁에서 지낼 수 있도록 중재를 한다. 농업의 여신이자 곡물의 여신인 데메테르 여신은 자신의 딸이 지상에서 함께 지내는 1년의 반은 행복하지만 지하세계에서 지내는 나머지 시간 동안에는 애석함을 느끼며 지내게 된다. 그래서 고대 그리스인들은 데메테르 여신이 즐거워하는 1년의 반 동안에만 농사에서의 결실의 기쁨을 볼 수 있는 것이라고 생각했다.

이제 인간의 영혼이 이 세상을 떠나 저 세상으로 가는 여정을 살펴보기로 하자. 고대 그리스인들은 인간은 육체와 영혼이 결합된 존재이고 죽음을 맞게 되면 육체는 소멸하지만 영혼은 불멸한다고 믿었다. 그들은 죽음을 맞이하면 인간의 영혼은 이 세상을 떠나 저 세상으로 가게 된다고 생각했다. 이 세상에서 저 세상까지는 물방울이 9일 밤낮 동안 떨어지는 거리이다.

고대 그리스인들은 사람이 죽게 되면 망자의 얼굴에 대개 흰 색 천을 덮었다. 그것은 산자와 망자가 직접 마주하지 못하도록 하기 위한

망자의 영혼을 실어 나르는 휘프노스와 타나토스

조치였다. 그리고 그들은 망자에 대한 완전한 예를 갖추기 위해 12일장을 지냈고 주로 화장을 했다.

죽음을 맞은 인간의 영혼은 죽음의 신인 타나토스Thanatos와 잠의 신인 휘프노스Hypnos가 데려간다. 그들은 쌍둥이 형제이다. 고대 그리스인들이 죽음을 영원한 잠이라고 생각한 것도 같은 맥락에서 이해될 수 있다. 타나토스와 휘프노스는 망자의 영혼을 아케론강 입구까지 데려다 준다. 이곳에서부터 저 세상으로의 여정이 시작된다.

망자의 영혼은 먼저 아케론강, 코퀴토스강, 퓌리플레게톤강, 레테강이라는 네 개의 강을 건너 죽음의 땅으로 들어가게 된다. 아케론Acheron강은 비통의 강이고 코퀴토스Kokytos강은 탄식의 강이며 퓌리플레게톤Pyriphlegethon강은 화염의 강이고 레테Lethe강은 망각의 강이다. 망자의 영혼은 이 강들을 건너면서 이 세상에서 육체와 결합되어 살면서 쌓였던 감정들을 씻거나 태우게 된다.

인간이 죽음을 맞게 되면 아무리 영혼이라고 하더라도 부지불식간

아케론강과 뱃사공 카론

에 찾아온 자신의 죽음에 대해 비통한 감정을 가질 수밖에 없다. 이러한 비통의 마음은 아케론강을 건너면서 씻게 된다. 아케론강에는 카론 Charon이라는 정령이 있다. 그는 텁수룩한 회색 수염이 난 아주 추한 노인의 모습을 하고 있으며 넝마 같은 외투를 입고 둥근 모자를 쓴 것으로 묘사된다. 카론의 역할은 망자들의 영혼을 강 건너편으로 데려가 주는 것이다. 하지만 카론이 뱃사공이기는 하지만 노를 젓는 것은 영혼들의 몫이었다. 그런데도 카론은 망자들의 영혼들로부터 자신의 배에 오를 때 반드시 뱃삯을 받았다. 그리스인들이 망자의 입에 동전 한 닢을 물려주는 풍습이 생겨난 것은 이 때문이다.

자신의 죽음에 대한 비통한 마음이 사라졌다 하더라도 다음으로는 남겨진 가족들에 대한 걱정과 근심으로 탄식이 생겨날 수 있다. 이러한 탄식은 코퀴토스강을 건너면서 씻게 된다. 그리고 퓌리플레게톤강을 건너면서 이 세상과 관련된 다른 감정들을 모두 화염 속에 태우고 레테강을 건너면서는 혹시라도 남아 있을 수 있는 모든 감정들을 잊어

버리게 되는 것이다. 하지만 이 강들을 건너면서 씻거나 태우는 것은 이 세상에서 생겼던 감정들뿐이다. 자신이 육체와 더불어 살면서 했던 행위의 결과들까지 사라지는 것은 아니다.

네 개의 강을 건너게 되면 커다란 벌판이 나타난다. 이 벌판의 가운데에는 3명의 심판관들이 앉아 있다. 그들의 망자의 영혼들에 대해 그들이 이 세상을 살면서 했던 행위의 결과들 다시 말해 이 세상을 어떻게 살았는지를 판단하는 역할을 한다. 그들에 의해 이 세상에서 올바르게 살았다고 판단된 영혼들은 오른쪽으로 난 길로 가게 되고 이 세상에서 올바르지 못한 삶을 살았다고 판단된 영혼들은 왼쪽으로 난 길로 가게 된다.

오른쪽으로 난 길은 엘리쉬온Elysion이라고 불리는 실낙원으로 이어지고 왼쪽으로 난 길은 지옥 혹은 타르타로스로 이어진다. 실낙원으로 가게 되는 영혼은 그곳에서 편안한 안식을 취하게 된다. 하지만 왼쪽으로 가게 되는 영혼은 또 하나의 강을 건너게 된다. 그것은 타르타로스 앞을 흐르는 증오의 강 스틱스이다. 왼쪽 길로 심판받은 영혼들은 스틱스강을 건너면서 3명의 심판관들에 대해서 갖게 된 증오심을 씻어 버리고 저승이나 타르타로스로 가는 것이다.

신화에 따르면 지옥의 문 입구에는 케르베로스Kerberos가 지키고 있다. 케르베로스는 개 모양을 한 세 개의 머리를 하고 있고 꼬리는 뱀이며 등에는 수많은 뱀의 머리들이 솟아나 있다고 한다. 케르베로스는 지옥의 문 입구를 지키면서 그곳을 지나는 영혼들에게 공포를 느끼게 하였다. 그러나 케로베로스의 본래 역할은 살아 있는 자들이 지옥의 문 안으로 들어오지 못하도록 막는 일과 함께 아무도 지옥으로부터 다시 빠져나가지 못하도록 하는 것이다. 이러한 케르베로스의 모습은

[해리포터 시리즈] 1권인 「마법사의 돌」에서 형상화되기도 했다. 왼쪽 길로 심판받은 영혼들은 이제 그곳에서 영원한 형벌을 겪게 된다.

로댕의 조각 지옥의 문

이러한 이야기는 고대 그리스인들에게 일반적으로 받아들여졌는데 철학자인 플라톤의 『국가』*Politeia*편에서도 유사한 이야기가 전해지고 있다.

플라톤의 『국가』편 제10권 614a~621d에는 에르Er라는 젊은이의 이야기가 나온다. 그는 아르메니오스의 아들로서 팜필리아 종족이었다. 그는 언젠가 전투에 참가했다가 전사하고 만다. 에르가 죽은 후 열흘이 지나 시신들을 수습할 때 다른 시신들은 이미 썩어가고 있었지만 그만은 멀쩡한 상태였다. 그래서 그의 시신을 집으로 옮겨 열 이틀째 날에 장례를 치르려고 하자 화장을 하려던 장작더미 위에서 그가 되살아나게 되었다.

되살아난 에르는 그동안 자신이 죽음의 땅으로 가서 보았던 것들을 이야기해 준다. 에르의 이야기에 따르면 자신의 영혼이 육신을 벗어난 뒤에 다른 많은 영혼들과 함께 여행을 하였다고 한다. 그러다가 그들은 어떤 신비스런 장소에 이르게 되었는데 그곳에는 심판자들이 앉아 있었다. 그 심판자들은 올바른 삶을 산 영혼들에겐 심판 받은 내용의 표지들을 앞에 두르게 하여 오른쪽의 하늘로 난 길로 가도록 했다. 하지만 올바르지 못한 삶은 산 영혼들에겐 그들이 살면서 행한 모든 행적의 표지들을 등에 달고서 왼쪽 길로 가도록 했다. 에르는 그곳에서 왼쪽 길로 가도록 심판 받은 모든 영혼들이 괴로워하며 그 누구도 그곳으로 기꺼이 가려고 하지 않았다고 이야기한다.

플라톤은 이러한 이야기를 통해 살아서도 행복하며 죽어서도 영원한 행복을 누리기 위해서는 어떻게 살아야만 하는지에 대해서 이야기하고 있다. 죽음 이후에 엘뤼시온에서의 편안한 안식을 누리기 위해서는 이 세상에 사는 동안 올바른 삶을 살아야만 한다. 그렇다면 어떻게 하면 올바른 삶을 살 수 있겠는가? 플라톤에 따르면 올바른 삶을 살기 위해서는 우선 올바른 삶이 무엇인지를 아는 것이 필요하다고 한다. 살아가면서 수많은 시행착오를 통해 올바른 삶이 무엇인지를 아는 것보다는 올바른 삶이 무엇인지를 먼저 분명하게 알고 그렇게 살아가게 된다면 행복을 성취할 수 있다는 것이다. 이것은 앎과 실천의 문제와 관련된 다양한 의견들 중에서 앎의 중요성을 강조하는 플라톤의 입장이다.

따라서 이 세상에서 올바른 삶을 살기 위해서는 유익한 삶과 무익한 삶을 구별할 줄 알며 언제 어디서나 가능한 것들 중 최선의 것을 선택할 수 있게 해 줄뿐만 아니라 그러한 것을 어떻게든 배우고 찾아낼 수 있도록 해주는 것이 필요하다. 이것이 바로 '지혜에 대한 사랑' Philosophia이다. 결국 지혜에 대한 사랑을 통해 인간은 이 세상에서 뿐만 아니라 저 세상에서도 진정한 행복을 성취할 수 있는 것이다. 지금 지혜에 대한 사랑이 없다면 그것을 갖기 위해 최선의 노력을 다해야 할 것이고 갖게 되었다면 다시 내게서 사라지지 않도록 최선의 노력을 다해야 한다. 이것이 에르 이야기를 통해 플라톤이 우리에게 이야기하고자 하는 핵심 내용이다.

## 여섯 번째 이야기

# 6

## 사랑의 신화

## 1. 에로스의 탄생 신화

에로스Eros는 로마에서 큐피도Cupido라고 불렸으며 사랑을 주재하는 신이다. 에로스는 주로 성장이 멈춘 날개 달린 어린아이 신으로 묘사되는데 이것은 시인들의 영향이다. 시인들은 이러한 에로스의 모습과 일치하게끔 어머니에게 벌을 받는 장면이나 조심하지 않고 장미를 꺾다가 가시에 찔리는 장면 등 어린 아이 특유의 모습을 생각해 내기도 했다. 에로스는 마음에 동요를 가져다주는 것을 즐기는 신으로 묘사된다. 그런가하면 화살로 마음에 상처를 입히기도 한다. 에로스가 개입한 사랑 사건은 신에게서 인간에 이르기까지 이루 다 헤아릴 수 없을 정도이다.

그만큼 에로스는 로마시대에 이르기까지 시인들의 작품에 좋은 소재였음이 분명하다. 시인들에 의해서 각색되어진 에로스의 모습만큼이나 그의 탄생과 관련된 전승들도 많다. 그리스 신화에는 이처럼 하나의 이야기와 관련된 다양한 전승들이 전해지는 경우가 많이 있다.

그러나 그 어떤 것도 에로스의 탄생 신화만큼 풍부하지는 않다. 키케로Cicero는 이처럼 다양한 이야기들이 전해지는 이유를 원초적인 신화들에 포함되어 있는 설명하기 어려운 부분이나 모순들을 해결하기 위해 후에 인간의 상상력을 통해 첨가되었기 때문이라고 한다.

에로스

에로스의 탄생 신화는 무려 일곱 가지 이상으로 정리될 수 있다. 여기에서는 그 각각의 내용들을 살펴보면서 그것들의 의미를 찾아보고자 한다.

가장 오래된 신들의 계보에서 에로스는 최초의 신인 카오스로부터 곧장 터뜨려져 나왔다고 이야기한다. 그리스 신화에 등장하는 최초의 신인 카오스는 암흑의 신인 에레보스와 밤의 여신인 뉙스를 터뜨려낸다. 그리고 둘의 결합을 통해 대기의 신인 아이테르와 낮의 여신인 헤메라가 탄생한다. 그런데 여기에서 주목할 것은 에레보스와 뉙스 여신이 결합하였다는 것이다. 남신과 여신의 결합을 가능하게 하는 것은 바로 사랑의 신 에로스이다. 그렇다면 에로스는 에레보스와 뉙스 여신이 결합하기 전에 먼저 있어야만 한다. 에로스가 카오스로부터 곧장 터뜨려져 나온 신이라는 것은 이런 이유에서 전해지고 있는 이야기이다. 이 전승은 시간적인 순서에서 볼 때에는 타당하다고 여겨질 수 있다. 그러나 그리스 신화에 일반적으로 등장하는 에로스의 모습은 아니다.

에로스

다음으로 에로스가 태초의 알에서 탄생했다는 전승도 있다. 이 이야기에 따르면 카오스는 에레보스와 뉙스 여신만을 터뜨려내고 세상 속으로 사라진다. 그런데 뉙스 여신이 에레보스와 결합하기 전 먼저 알을 하나 낳게 되는데 알이 쪼개어지면서 에로스가 탄생하고 쪼개어진 알의 반쪽은 하늘을 다른 반쪽은 땅을 형성했다고 한다. 이 이야기 역시 시간적인 순서에서 볼 때에는 타당하다고 여겨질 수 있다. 하지만 이 이야기를 받아들인다면 그리스 신화에서 스스로 생명을 얻어 대지를 지배하는 가이아 여신과 그녀로부터 탄생하는 우라노스에 대해 설명할 수 없게 된다.

이러한 두 가지 전승은 모두 에로스를 세계의 근원적인 힘이자 우주의 내적인 응집력을 보장하는 신으로 윤색하는 과정에서 만들어진 것이라고 할 수 있다.

이러한 시도와 대비되는 전승이 플라톤의 『향연』편*Symposium*에 나온다. 그곳에서 만티네이아의 사제였던 디오티마Diotima는 에로스를 술책과 궁여지책의 신인 포로스Poros와 가난의 여신인 페니아Penia 사이에서 태어나는 신과 인간 사이의 중간적인 존재라고 이야기한다. 가난의 여신인 페니아는 궁핍하고 언제나 굶주려 있던 여신이다. 그러던 어느 날 어김없이 주린 배를 움켜쥐고 이곳저곳을 헤매던 페니아 여신은 어디선가 울리는 풍악소리와 구수한 암브로시아의 향내를 맡게 된다. 페니아 여신이 그 소리와 향기를 따라 간 곳에서는 모든 신들이 향연을 벌이고 있었다. 하지만 페니아 여신이 도착했을 때에는 이미 향연의 끝 무렵이었다. 그녀는 어딘가에 남아 있을 암브로시아와 넥타르를 찾아 두리번거렸지만 아무 것도 남아 있지 않았다. 그러던 중 암브로시아와 넥타르를 잔뜩 먹고 한 쪽 구석에서 잠들어 있는 신을 발견하게 되는데 그가 포로스였다. 그녀는 저런 신과 관계를 맺으면 그의 모든 것이 자신의 것이 될 것이라고 생각했다. 그래서 페니아 여신은 포로스와 결합하게 되고 그 사이에서 에로스가 태어난다. 에로스는 포로스와 페니아 여신 모두로부터 주요한 성격을 물려받는다. 그래서 그는 가난의 여신처럼 대상을 찾아 언제나 분주하게 돌아다니면서 술책과 궁여지책의 신처럼 언제나 자신의 목적에 도달하는 방법을 생각해낼 줄 알았다. 하지만 에로스는 전능한 신이기는 고사하고 끊임없이 불만족스러워하는 불안정한 힘이었다.

이 이야기가 디오티마라는 사제에게서 전해진다는 점에 주목해야 한다. 디오티마는 사랑이란 상대를 통해 언제나 자신의 목적에 도달하려는 것이지만 그럼에도 불구하고 항상 불만족스러울 수밖에 없다는 것을 이야기하고 있다. 디오티마가 이러한 이야기를 하는 것은 인간의 사랑을 통해 생기는 불만족은 신에 대한 사랑과 헌신으로 채워지고 완성될 수 있음을 주장하려는 것이다. 따라서 이것은 특정한 목적에서 지어진 이야기라고 할 수 있다.

이와는 상이한 계보를 제시하는 또 다른 이야기들도 만들어졌는데 에로스가 출산의 여신인 에일레이튀이아의 아들이라거나 무지개의 여신인 이리스의 아들이라는 것들이다. 하지만 이러한 이야기들은 구체적인 설명이나 다른 신화들과 연결되는 부분들이 없다.

또 다른 이야기에서는 에로스를 헤르메스와 아르테미스 여신 사이에서 탄생한 아들이라고 하기도 한다. 지금 이야기하고 있는 아르테미스 여신은 제우스와 페르세포네 사이에서 태어난 딸로 달의 여신이자 사냥의 여신인 아르테미스와는 그 이름이 같을 뿐이다. 이 이야기에 등장하는 에로스가 바로 시인들과 조각가들에 의해서 익숙하게 그려졌던 성장이 멈춘 날개 달린 어린아이 신이다. 따라서 이 전승은 철저한 창작의 산물이라고 할 수 있다.

이제 남아있는 전승은 두 가지이다. 하나는 에로스가 전령신인 헤르메스와 사랑과 아름다움의 여신인 아프로디테 사이에서 탄생한 아들이라는 것이고 다른 하나는 전쟁의 신인 아레스와 아프로디테 사이에서 탄생한 아들이라는 것이다. 이 중에서 가장 널리 받아들여지고 있는 것은 에로스가 헤르메스와 아프로디테의 아들이라는 설이다. 이 전승이 일반적으로 받아들여지는 이유는 에로스의 신성을 설명하기에 적절하기 때문이다. 이 전승에 따르면 에로스는 헤르메스로부터 전령의 모습을 그리고 아프로디테로부터 사랑을 물려받아 사랑을 전달하거나 사랑을 매개해 주는 신으로 이야기될 수 있다.

그러나 조금 다른 생각도 가능할 수 있다. 그리스 신화에 등장하는 신들은 부모로부터 신성을 물려받거나 자신이 주재하게 될 직분을 나누어 받는 경우들이 있다. 또 다른 한편으로는 같은 부모로부터 탄생한 형제들은 서로 유사한 신성을 공유하게 된다. 따라서 에로스의 탄생 신화를 다루면서도 부모의 신성과 함께 같은 형제들 사이의 신성에도 유념해야 한다.

만일 에로스를 헤르메스와 아프로디테 여신 사이에서 탄생한 신이라고 한다면 그는 헤르마프로디토스와 형제이다. 헤르마프로디토스는 한 몸에 남성과 여성의 모습을 모두 지닌 인간이었다. 그렇다면 에로스는 헤르메스와 아프로디테 여신의 아들이기 때문에 사랑을 매개하는 신이라고 이야기될 수 있지만 인간이었던 헤르마프로디토스와 공유하는 신성에 대해서는 특별하게 이야기할 수 있는 것이 없다.

그러나 에로스를 아레스와 아프로디테 여신 사이에서 탄생한 신이라고 한다면 그는 데이모스, 포보스와는 형제이며 하르모니아와는 남매가 된다. 데이모스는 공포의 신이며 포보스는 걱정과 두려움의 신이고 하르모니아는 조화의 여신이다. 그렇다면 에로스는 아프로디테 여신으로부터는 사랑을 주재하는 능력을 나누어받고 아레스로부터는 저돌적이며 폭력적인 신성을 물려받은 신이 된다. 그렇기 때문에 그가 주재하는 사랑은 다소 저돌적이며 폭력적이라고 할 수 있다. 또한 그의 형제, 남매와 신성을 공유하는 부분이 있다면 사랑이란 처음 그 사랑을 시작할 때에는 공포와 걱정이나 두려움을 갖게 되지만 그러한 것들을 서로의 조화를 통해 완성하는 것으로 이야기할 수 있을 것이다.

두 가지 전승 중에서 무엇이 옳고 무엇이 그르다고 단정할 수 없기 때문에 이러한 논란은 지금까지 계속되고 있는지도 모른다. 아무튼 두 가지 전승이 갖고 있는 의미를 통해 사랑이 무엇인지를 다시 생각해 볼 수 있었으면 한다.

## 2. 에로스와 프쉬케의 사랑 이야기

사랑의 신인 에로스는 신과 인간들의 사랑을 서로 매개하는 역할만 한 것 같지는 않다. 에로스 자신도 사랑에 빠져서 기쁨과 고통을 느낀 경우가 있었는데 그것이 바로 잘 알려진 프쉬케Psyche와의 사랑 이야기이다. 밀레토스의 우화들에서 비롯되었다고 여겨지는 이 이야기는

에로스와 프쉬케

2세기경 로마시대에 활동했던 아풀레이우스Apuleius의 『변신』*Metamorphoses*에도 소개되어 있다.

프쉬케psyche는 그리스어로 영혼이라는 뜻의 단어이다. 그러나 그 단어의 본래 의미는 들숨, 날숨이라고 할 때의 숨이다. 고대 그리스인들은 기본적으로 숨 쉬는 모든 것에는 영혼이 있다는 관념을 지니고 있었다. 철학자인 아리스토텔레스Aristoteles가 『영혼론』*De Anima*이라는 자신의 저술에서 영혼을 생명의 원리라고 이야기하는 것도 동일한 관념에 기초하고 있는 것이다. 그래서 아리스토텔레스는 영혼이 인간에게만 있는 것이 아니라 동물과 식물에게도 있다고 한다. 물론 식물과 동물과 인간에게 있는 영혼은 생명의 원리라는 공통점을 가지고 있을 뿐 그 기능은 각각 구별된다. 식물에게 있는 영혼은 성장기능을 담당하고 동물에게 있는 영혼은 성장기능과 욕구기능을 담당한다. 인간에게 있는 영혼은 성장기능, 욕구기능과 더불어 생각하는 기능을 담당하고 있다고 한다.

프쉬케는 어느 나라의 셋째 공주로 태어난다. 두 언니도 아름다웠지만 프쉬케는 인간 이상의 아름다움을 지니고 있어서 부러움과 감탄의 대상이 되었다. 그녀의 아름다움은 인간에게는 두려움마저 줄 정도였기 때문에 그녀와 결혼하려는 사람이 없었다. 프쉬케의 아버지는 신들에게 도움을 청했다. 그러자 그녀를 신부로 단장하여 골짜기 위 바위에 세워두면 무서운 괴물이 나타나 그녀를 차지하게 될 것이라는 신탁이 내렸다. 프쉬케의 부모는 절망에 빠졌지만 어쩔 수 없이 신탁이 지시한 대로 딸을 신부의 예복으로 단장시켜 골짜기 위 바위에 세워 두고 돌아왔다.

제퓌로스에 실려가는 프쉬케

홀로 남겨진 프쉬케가 슬픔에 잠겨 있을 때 서풍의 신인 제퓌로스가 그녀를 부드러운 바람결에 실어 깊은 골짜기의 아늑한 풀밭 위에 눕혀 놓고 사라졌다. 너무나 놀라고 지친 프쉬케는 풀밭에 누운 채로 잠이 들었다. 잠에서 깨어난 프쉬케는 자신이 황금과 상아로 치장된 호화로운 궁전의 정원에 있다는 것을 알았다. 그러자 형체 없는 목소리가 그녀를 방으로 안내했다. 그렇게 신비스러운 일들이 계속해서 일어나는 가운데 어느덧 밤이 되었다.

에로스의 궁전으로
들어가는 프쉬케

어둠이 내려 주위를 알아볼 수 없게 되었을 때 프쉬케는 누군가 자신의 곁에 있는 것을 느꼈다. 그가 신탁이 말한 남편이었다. 프쉬케는 어둠 때문에 비록 그의 얼굴을 볼 수는 없었지만 미리 생각했던 것처럼 괴물스럽지는 않은 듯 했다. 그는 프쉬케에게 자신이 누구인지를 이야기하지 않았다. 그러면서 만일 프쉬케가 자신을 보게 되면 영원히 자신을 잃게 되리라고 경고했다.

프쉬케는 낮 동안에는 형체 없는 목소리들과 궁전에서 함께 시간을 보냈고 밤이 되면 자신을 찾아온 그 사람과 함께 지냈다. 프쉬케는 더 이상 두렵지 않았다. 오히려 형체 없는 목소리들과 그 사람의 배려와 사랑에 행복했다. 이렇게 시간이 흘렀다. 그러나 그녀는 자신이 괴물의 아내가 된 줄 알고 괴로워하고 있을 부모님에 대한 걱정 때문에 비탄에 잠겼다. 그래서 프쉬케는 그 사람에게 잠시만이라도 가족들에게 다녀오게 해달라고 간청했다. 그 사람은 그것이 얼마나 위험한 일인지를 거듭 경고했지만 너무나 애절한 그녀의 간청을 저버릴 수가 없었다. 그래서 그 사람은 그녀가 가족들에게 줄 귀한 선물들을 준비해서 그녀에게 주면서 다시 한 번 조심할 것을 당부했다.

언니들을 다시 만난 프쉬케

프쉬케의
곁을
떠나는
에로스

프쉬케는 다시 바람에 실려 전에 서 있었던 골짜기 바위 위로 가게 된다. 죽은 줄로만 알았던 그녀를 다시 보게 된 부모님은 너무나 기뻤고 시집갔던 언니들도 그녀를 보기 위해 집으로 돌아왔다. 하지만 막내 동생이 무사하다는 안도감이 사라지자 언니들은 그녀의 행복한 모습과 자신들에게 가지고 온 귀중한 선물들을 보고 질투심이 일어났다. 언니들은 프쉬케로부터 한 번도 남편을 본 적이 없다는 이야기를 듣고 그녀에게 불신의 마음을 불어넣기 시작했다. 그리고 몰래 등불을 숨겨두었다가 그 사람이 잠들었을 때 불빛을 비추어 얼굴을 보라고 꾀었다.

프쉬케는 다시 깊은 골짜기의 궁전으로 돌아왔다. 그리고 그날 밤 언니들이 시킨 대로 그 사람이 잠들었을 때 미리 감추어 두었던 등잔을 꺼내 그 사람의 모습을 보았다. 그는 너무나 훌륭하고 당당한 모습을 한 에로스였다. 프쉬케는 놀라움과 두려움으로 등잔을 든 손이 떨

절망하는 프쉬케

려 뜨거운 기름 한 방울을 에로스에게 떨어뜨리고 말았다. 기름에 덴 에로스는 잠에서 깨어 예전에 프쉬케에게 경고했던 대로 곧장 그녀의 곁을 떠나가 버린다. 그것은 사랑의 전제가 되는 신뢰가 깨어졌기 때문이다.

자신의 불신 때문에 에로스를 잃어버린 프쉬케는 실의에 빠져 괴로워한다. 이 사실을 안 에로스 역시 그녀만큼이나 가슴아파한다. 왜냐하면 자신이 프쉬케의 곁을 떠난 것은 그녀가 자신을 믿지 않았기 때문이지 그녀에 대한 사랑이 사라져서가 아니었다. 에로스도 여전히 그녀를 사랑하고 있었다. 결국 프쉬케는 에로스의 어머니인 아프로디테 여신의 분노를 사게 되어 아프로디테 여신의 신전에 갇히게 된다. 아프로디테 여신은 프쉬케에게 세 가지 시험에 통과하면 다시 에로스를 만날 수 있도록 해 주겠다고 약속한다.

첫 번째 시험은 신전 곳간에 흩어져 있는 곡식 낱알들을 모으는 것이었다. 그리스의 신전들에는 언제나 신관이 머무르는 곳과 곳간 등이 부속 건물로 함께 있었다. 그리고 그 곳간에는 인간들이 신에게 바친 모든 제물들이 보관되어 있었다. 하지만 당시에 곡식을 담는 포대들은 그렇게 좋지 않았을 것이다. 그래서 신전 곳간 바닥에는 언제나 포대에서 흘러내린 곡식 낟알들이 수북하게 쌓여 있었다. 프쉬케에게 부과된 첫 번째 시험은 그것들을 모두 종류별로 다시 모아 쌓아 올리는 것이었다. 프쉬케는 자신의 행위를 후회하면서 묵묵히 곡식 낟알들을 정리했다. 하지만 그것은 너무난 힘든 일이었다. 이 광경을 멀리서 지켜보던 에로스는 너무나 안타까웠다. 그래서 그는 들판의 개미떼를 시켜 그녀를 돕게 하고 그렇게 해서 첫 번째 시험을 마치게 된다.

두 번째 시험은 야생 양들의 양털을 거두는 일이었다. 야생 양들은 사람의 손길을 겪어보지 않았으므로 누군가 그 양들의 양털을 뽑으려고 한다면 걷어차 심각한 부상을 일으키기 일쑤였다. 그래서 에로스는 강의 신에게 부탁하여 야생 양들이 강물을 마시면서 온순해지도록 했다. 이렇게 해서 두 번째 시험도 마치게 된다.

마지막 시험은 페르세포네 여신의 단장료를 얻어오는 것이었다. 페르세포네 여신은 하데스의 아내로 지하세계에 머무르고 있다. 하지만 살아 있는 인간이 산 채로 지하세계로 가는 것은 쉽지 않다. 프쉬케가 어찌할 바를 모르고 있을 때 에로스는 골짜기의 궁전에서 그녀를 보호하고 시중들던 형체 없는 목소리를 그녀에게 보낸다. 형체 없는 목소리의 도움으로 무사히 지하세계로 가게 된 프쉬케는 페르세포네 여신에게 자신이 그곳에 온 연유를 이야기한다. 페르세포네 여신은 아프로디테 여신과의 사이에 아직 씻어내지 못한 앙금을 가지고 있었다. 그것은 인간인 아도니스를 사이에 놓고 생겼던 일이다. 페르세포네 여신은 이번이 아프로디테 여신에게 복수할 기회하고 생각하고 상자에 단장료 대신 잠의 씨를 넣어 프쉬케에게 주었다. 그러면서 프쉬케에게 절대로 열어보아서는 안 된다고 경고한다.

상자를 들고 지상으로 올라온 프쉬케는 페르세포네 여신의 경고에도 불구하고 그만 그 상자를 열어보고 만다. 프쉬케가 그 상자를 연 것

페르세포네 여신이 준 상자를 열어보는 프쉬케

은 여신의 단장료가 탐이 나서가 아니었다. 그녀는 이제 이 마지막 시험만 마치게 되면 사랑하는 에로스를 다시 만날 수 있게 된다. 하지만 지금 그녀의 모습은 지하세계까지 갔다오는 세 번의 시험으로 너무 많이 상해 있었다. 그래서 프쉬케는 사랑하는 에로스에게 조금이나마 더 아름다운 모습을 보여주고 싶다는 생각에서 그렇게 했던 것이다. 프쉬케가 상자를 열자 잠의 씨앗이 엄습해 그녀를 깊은 잠에 빠뜨리고 만다.

그리스 신화에서는 여인이 상자를 여는 장면이 두 번 나오는데 나머지 이야기는 「인간의 탄생」에서 판도라를 다룰 때 보게 될 것이다.

에로스는 프쉬케가 깊은 잠에 빠졌다는 사실을 그녀의 분신인 나비를 통해서 전해 듣게 된다. 폼페이 유적에서 발굴된 그림들에서 프쉬케는 나비처럼 날개달린 소녀로도 묘사된다. 이러한 것은 고대 그리스의 민간 신앙에서 사람이 죽으면 그 영혼이 마치 나비처럼 몸에서 빠져나간다고 믿었던 것으로부터 유래한다. 에로스는 곧장 프쉬케에게로 가서 깊은 잠에 빠진 그녀를 자신의 키스로 깨운다.

어떻든 프쉬케는 아프로디테 여신의 마지막 시험을 통과하지 못한 셈이다. 그렇다면 여신의 분노로 인해 영원히 에로스와 함께 할 수 없

에로스와 프쉬케의 혼인 잔치

을 것이다. 이제 에로스는 올림포스로 제우스를 찾아가 프쉬케와 혼인할 수 있게 해 달라고 간청한다. 제우스는 에로스의 간청을 받아들여 프쉬케에게 불사의 은혜를 베푼 뒤 올림포스로 그녀를 초대하여 먼저 아프로디테 여신과 화해하게 한 후 에로스와 프쉬케의 혼례잔치를 성대하게 열어준다. 그렇게 하여 둘은 영원한 사랑을 이루게 된다.

에로스와 프쉬케의 사랑 이야기는 이후 거의 모든 사랑 이야기의 전형으로 간주되며 지금까지도 끊임없이 재생산되고 있다. 에로스와 프쉬케의 이야기로부터 그리스 신화에서 이야기되는 사랑 이야기의 기본적인 의미들을 찾을 수 있다.

먼저 사랑은 언제나 믿음을 기초로 하며 그 믿음 위에서 성장한다는 점이다. 그리고 사랑은 시련을 함께 극복하는 행위라는 점이다. 그리고 완전한 사랑은 둘 모두에게 기쁨으로 다가오는 행위라는 점도 잊어서는 안 될 것이다.

## 3. 제우스의 사랑 이야기와 그 의미

그리스 신화에서 제우스를 제외한 채로 사랑 이야기를 한다는 것은 불가능하다. 그만큼 제우스와 관련된 사랑 이야기들은 방대하다. 그리고 제우스의 사랑의 대상에는 여신과 님프와 인간의 여인들 모두가 포함된다.

제우스와 사랑을 나눈 여신들로는 메티스, 테미스, 헤라, 므네모쉬네, 레토, 데메테르 등을 들 수 있고, 님프들로는 마이아와 칼리스토 등을 들 수 있다. 그리고 그가 사랑을 나눈 인간의 여인들로는 세멜레, 다나에, 엘렉트라, 에우로페, 이오, 레다, 알크메네 등을 들 수 있다.

대신 제우스

제우스가 처음으로 사랑을 나눈 대상은 지혜로운 충고의 여신인 메티스Metis이다. 그래서 많은 경우 메티스 여신을 제우스의 첫 번째 아내라고 이야기한다. 하지만 그것은 옳지 않다. 왜냐하면 제우스의 아내는 헤라뿐이었기 때문이다. 오케아노스와 테티스의 딸이었던 메티스 여신은 제우스에게 크로노스의 뱃속에 삼켜진 형제와 남매들을 구해낼 수 있는 지혜로운 충고와 함께 티탄 신들과 전쟁을 치르게 될 것이라는 조언을 했다. 메티스 여신은 제우스와의 사랑을 통해 지혜의 여신인 아테나를 잉태한다.

제우스가 두 번째로 사랑을 나눈 대상은 법의 여신인 테미스Themis이다. 우라노스와 가이아의 딸이었던 테미스는 신탁과 법 그리고 제례의식을 발명한 여신이다. 그녀는 아폴론보다 먼저 델포이의 신탁소에서 인간들에게 신의 뜻을 전해 주었다. 제우스는 테미스와의 사이에서 계절의 여신들인 호라이Horai 3자매, 운명의 여신들인 모이라이Moirai 3자매, 그리고 정의의 여신인 아스트라이아Astraia와 에리다노스의 님프들을 낳는다.

테미스 여신

헤라Hera 여신은 제우스가 세 번째로 사랑을 나눈 대상이지만 제우스가 정식 결혼한 유일한 아내이다. 제우스는 헤라 여신과의 사이에서 전쟁의 신인 아레스와 출산의 여신인 에일레이티이아 그리고 청춘의 여신인 헤베Hebe를 낳는다. 헤베 여신은 올림포스 12 주신들의 넥타르를 담당했으며 헤라클레스가 신격화된 후에 그와 혼인하게 된다. 제우스와 헤라 여신의 사랑은 매우 오래된 것으로 전해진다. 그들은 크로노스가 대신이었던 때부터 다시 말해 올림포스 신들과 티탄 신들의 전쟁이 있기 훨씬 전부터 사랑을 나누었다. 전해지는 또 다른 이야기에 따르면 제우스는 헤라 여신에게 계속해서 구애하지만 번번이 거절당한다. 그래서 제우스는 포세이돈에게 부탁하여 올림포스 신궁 주위로 거센 비바람이 치게 해달라고 부탁한다. 갑자기 불어오는 거센 비바람에 헤라 여신이 열려진 창문을 닫기 위해 창가로 갔을 때 비에 흠뻑 젖은 빼꾸기 한 마리가 불 켜진 자신의 방을 향해 날아오는 것을 보게 된다. 헤라 여신은 그 가엾은 빼꾸기를 자신

제우스와 헤라 여신의 혼인

의 방으로 들어오게 하고 가슴에 안아 추위를 녹여준다. 그렇게 해서 제우스는 헤라 여신의 사랑을 얻게 되었다는 이야기도 있다. 제우스와 헤라 여신의 결혼식은 헤스페리데스의 정원에서 열렸다. 그 정원은 영원한 봄 가운데 있었던 곳으로 다산의 상징을 지닌 장소였다.

제우스는 기억의 여신인 므네모쉬네Mnemosyne와도 사랑을 나눈다. 우라노스와 가이아의 딸이었던 므네모쉬네 여신은 피에리아에서 제우스와 9일 밤 동안 결합한 후 무사이 아홉 자매를 낳았다.

코이오스와 포이베의 딸이었던 레토Leto 여신은 제우스와 사랑을 나눈 후 아스테리아 섬에서 아폴론과 아르테미스를 낳는다.

크로노스와 레이아의 딸이었던 데메테르Demeter 여신은 제우스와의 사이에서 지하세계의 안주인이 되는 페르세포네를 낳는다.

아틀라스의 딸이었던 마이아Maia는 아르카디아에 있는 킬레네 산의 님프였다. 그녀는 제우스와 사랑을 나눈 후 킬레네 산의 어느 동굴에서 헤르메스를 낳는다.

제우스는 아르테미스 여신을 수행했던 숲의 님프 칼리스토Kallisto와의 사랑을 이루기 위해 자신의 딸인 아르테미스로 변신하여 그녀와 결합한다. 그리고 둘 사이에서는 아르카스라는 인간이 태어난다.

황금 소나기를 받는 다나에

제우스는 인간의 여인들과도 수많은 사랑을 나눈다. 카드모스와 하르모니아의 딸이었던 세멜레Semele는 제우스와의 사랑을 통해 디오뉘소스를 잉태하게 된다.

다나에Danae는 아르고스의 왕이었던 아크리시오스와 에우뤼디케의 딸이다. 아크리시오스는 아르고스의 왕좌를 물려받기 위해 쌍둥이 동생이었던 프로이토스를 추방해 버렸다. 그 대가로 그는 '다나에가 낳을 아이에 의해 죽게 될 것' 이라는 신탁을 받는다. 아크리시오스는 그 신탁이 이루어지지 않도록 하기 위해 청동으로 된 지하 방을 만들어서 다나에를 그 안에 가두어 버린다. 다나에를 마음에 두었던 제우스는 황금 소나기로 변신하여 지붕의 틈새로 들어가 다나에의 품을 파고들었다. 제우스와 다나에 사이에서 인간의 영웅 페르세우스가 태어난다.

아틀라스와 플레이오네의 일곱 명의 딸 중 하나였던 엘렉트라Electra는 제우스와의 사이에서 트로이아의 시조인 다르다로스를 낳는다.

아게노르와 텔레파사의 딸이었던 에우로페Europe도 제우스의 사랑

황소로 변신한 제우스와 에우로페

을 받는 여인이다. 제우스는 에우로페의 아버지가 왕으로 있던 티로스 해변에서 시녀들과 함께 놀고 있던 그녀를 보고 사랑을 느낀다. 그래서 제우스는 초승달 모양의 새하얀 뿔이 달린 황소로 변신하여 에우로페의 발치에 몸을 눕혔다. 에우로페는 처음에는 겁을 먹었지만 용기를 내어 황소를 쓰다듬어 주고 그 등에 올라앉았다. 그러자 황소는 벌떡 일어나 바다를 향해 내어 달렸다. 둘은 크레테 섬까지 갔고 고르티나의 샘 근처에 있는 플라타너스 나무 밑에서 사랑을 나누게 된다. 이 사랑을 기념하여 플라타너스 나무는 절대로 잎사귀를 잃어버리지 않는 특권을 누리게 되었다고 한다. 에우로페는 죽은 후에 신적인 예우를 받았고 제우스가 그 모습을 빌렸던 황소는 별자리가 되었다. 이 둘 사이에서는 미노스, 사르페돈, 라다만티스라는 세 명의 아들이 태어난다.

헤라 여신의 신전 여사제였던 이오Io도 제우스와 사랑을 나눈다. 이오는 어느 날 꿈에서 레르네 호숫가로 가서 제우스의 품에 안기라는 명령을 받는다. 그녀가 자신의 꿈을 아버지에게 이야기하자 아버지는 두려운 마음으로 신탁을 구했다. 그와 그의 집이 벼락에 맞지 않으려면 꿈이 시키는 대로 하라는 신탁이 내려졌다. 이렇게 해서 제우스는 레르네 호숫가에서 이오와 결합하게 된다. 하지만 이들의 관계를 알게 된 헤라의 분노를 사게 된다. 제우스는 이오를 구하기 위해 그녀를 흰 암송아지로 변신시킨다. 이 사실을 안 헤라 여신이 암송아지를 자신에게 선물로 달라고 하자 제우스는 어쩔 수 없이 그녀를 헤라에게 넘겨주게 된다. 헤라 여신은 그 암송아지를 백 개의 눈을 가진 아르고스에게 맡겼다. 이에 제우스는 헤르메스를 시켜 이오를 구해오게 했다. 헤르메스는 아르고스의 백 개의 눈을 모두 잠들게 한 후 창으로 찔러 죽였다. 헤라 여신은 자신의 명령을 따르다가 죽음을 맞이한 아르고스를 기리기 위해 그의 눈들을 자신의 신조인 공작의 깃털에 붙였다고 한다. 헤라 여신은 또 다른 복수를 위해 암송아지에게 그 피를 빨아먹는 등에를 보낸다. 그러자 이오는 너무나도 엄청난 고통 때문에 날뛰기 시작한다. 이오는 그리스를 가로질러 내달렸다. 먼저 바닷가의 큰 물굽이를 따라 내어 달렸는데 그곳은 지금까지 이오의 이름을 따서 이오니아 만이라고 불리고 있다. 그리고 계속해서 유럽과 아시아를 분리시키는 해협을 건너가는데 그곳에는 보스포로스 해협이라는 이름이 붙었다. 보스포로스는 '암소의 건널목' 이라는 뜻이다. 이오는 결국 이집트로 가서 그곳에서 제우스의 아들인 에파포스를 낳았다. 에파포스는 번창한 한 종족의 시조가 된다.

제우스와 이오

아이톨리아의 왕인 테스티오스와 에우리테미스의 딸이었던 레다Leda는 스파르타의 왕비였다. 제우스는 그녀와의 사랑을 이루기 위해 이번에는 백조로 변신한 후 레다가 즐겨 산책하는 길목에서 그녀를 기다리게 된다. 마침 그곳을 지나던 레다는 너무도 크고 아름다움 백조가 긴 목을 힘없이 늘어뜨리고 있는 모습을 보게 된다. 백조를 가엾게 여

제우스와 레다

긴 레다는 그 백조를 자신의 품으로 따뜻하게 감싸 안아준다. 그렇게 해서 제우스와 레다의 사랑이 이루어진다. 그 후 레다는 두 개의 알을 낳게 되는데 한 알에서는 폴리데우케스와 아가멤논의 아내가 되는 클뤼타임네스트라가 태어나고 다른 알에서는 카스토르와 헬레네가 태어난다.

암피트리온의 아내였던 알크메네Alkmene와의 사랑을 이루기 위해 제우스는 그녀의 남편인 암피트리온의 모습으로 변신한다. 알크메네는 제우스와 사랑을 나눈 마지막 인간의 여인이었다. 제우스와 알크메네 사이에서는 인간의 영웅인 헤라클레스가 태어난다.

이처럼 그리스 신화에서 이야기되는 제우스의 사랑 이야기는 무궁무진하다. 그리스 신화에서는 왜 이처럼 많은 제우스의 사랑 이야기가 전해지고 있는 것일까? 그것은 단지 신화적 흥미를 돋우기 위해서도 아니고 제우스가 실제로 문란한 사랑을 즐겼던 신이기 때문도 아니다.

그리스 신화는 지금은 사라졌지만 실제로 이 세상에 한때 존재했던 신들에 대한 이야기가 아니다. 그리스 신화는 고대 그리스인들이 이 세상을 나름대로 설명하기 위해 만든 거대한 이야기이다. 그렇다면 제우스와 관련된 수많은 사랑 이야기 역시 그들에 의해 윤색되었을 것이다. 관심을 가져야 할 것은 바로 그러한 가공과 윤색의 이유이다.

모든 나라의 건국 신화는 자신들의 뿌리를 하늘에 두고 있고 또한 그러고 싶어한다. 우리도 예외는 아니다. 우리의 전통 신화에 따르면 우리 민족의 시조는 기원전 2333년에 아사달에 도읍을 정하고 개국한 단군이다. 단군은 천제天帝인 환인의 손자이자 환웅의 아들이다. 고전 시대의 서구인들도 마찬가지였을 것이다. 그들 역시 자신들의 뿌리를 하늘에 두고 민족의 시조를 하늘과 연관시키려 했을 것이다. 그리스 신화는 고전 시기의 거의 모든 서구사회를 지배하고 있었던 신화였다. 신화를 통해서 보자면 그들에게 최고의 신은 바로 제우스였다. 따라서 그들은 어떤 식으로든 자신들의 시조가 제우스와 관련되고 있음을 보이려고 했을 것이다. 그리고 이러한 시도는 오랜 세월을 통해 지속적으로 이루어졌을 것이다. 그렇기 때문에 지금까지도 로마인을 기원으로 하는 경우를 제외한다면 거의 모든 서구인들은 자신들의 시조를 제우스와 관련되어 있다고 생각하는 것이다. 결국 그리스 신화에서 제우스와 관련된 사랑 이야기가 그토록 많은 것은 종의 다양성과 혈통을 중시하는 서구인들의 전통적인 가치관을 보여주는 것으로 이해하는 것이 보다 바람직하다고 생각된다.

여기에서 관심 있게 살펴보아야 하는 것이 또 한 가지 있다. 신들 사이에서 혹은 신과 인간 사이에서 태어나는 자식들 중 어떤 자는 신이 되지만 어떤 자는 인간의 운명으로 살아가게 되는 모습이다. 이것은 그리스 신화의 특징 중 하나이기도 하다.

전령신인 헤르메스는 제우스와 님프인 마이아와의 사이에서 태어나지만 제우스가 사랑을 나눈 또 다른 님프인 칼리스토와의 사이에서는 인간인 아르카스가 태어난다. 포두주의 신인 디오뉘소스는 제우스와 인간의 여인인 세멜레와의 사이에서 태어난다. 그리고 전령신인 헤르메스와 사랑의 여신인 아프로디테와의 사이에서는 인간인 헤르마프로디토스가 태어난다. 부모가 모두 신이었다고 해서 반드시 신의 운명을 살아가는 것도 아니며 부모 중 한 쪽이 인간이었다고 해서 인간으로서의 운명을 살아가는 것도 아니다. 태어난 자는 부모의 능력이 아닌 자신의 능력에 맞는 운명을 살아가는 것이다. 다시 말해 태어난 자의 능력이나 자질이 신으로서의 지위에 합당하다면 신의 운명을 살아가게 되고 인간으로서의 지위에 합당하다면 인간의 운명을 살아가게 된다.

이미 아테나 여신과 관련된 부분을 통해 고대 그리스인들은 지혜가 혈통적으로 세습되는 것이 아니라는 관념을 가지고 있음을 보았다. 그리스 신화에서는 신분에 대한 생각도 이것과 크게 다르지 않다. 물론 고대 그리스인들의 사회는 세습적인 신분질서에 기초하고 있었다. 그러나 그들의 마음속에서는 언제나 개인의 능력과 자질이 보다 중요하며 또 그래야만 한다는 관념의 끈을 놓지 않았다. 그리고 그러한 관념이 신화를 통해서 드러나고 있는 것이다.

## 일곱 번째 이야기

# 7

## 인간의 탄생

전해지는 이야기에 따르면 프로메테우스가 진흙을 빚어 최초의 인간을 만들었다고 하지만 그것은 분명하지 않다. 그리스 신화에 나오는 인간의 탄생과 관련된 이야기는 플라톤의 『프로타고라스』편*Protagoras* 320d~322a에 자세하게 소개되어 있다.

플라톤이 자신의 대화편에서 전하는 이야기에 따르면 인간이 이 세상에 탄생한 시점이나 인간을 만든 주체는 분명하지 않다. 그곳에서는 "옛날에 신들만이 존재했고 죽을 수밖에 없는 종들은 없었던 때가 있었다. 신들에게 있어서 이러한 것들이 만들어질 시간이 되었을 때"라고만 적혀 있다. 하지만 지금까지의 이야기들을 토대로 하여 그 시점을 가늠해 볼 수는 있을 것이다. 제우스를 중심으로 하는 올림포스 신들은 세 번의 힘든 전쟁을 겪고 나서야 비로소 이 세상에 대한 지배권을 안전하게 확보하게 된다. 그 세 번의 전쟁 중에서 운명의 신들에 의해 '이 전쟁에서 승리하기 위해서는 인간의 도움이 있어야 한다'는 조건이 부과되고 그래서 인간의 영웅인 헤라클레스가 참전한 적이 있었다. 바로 기간테스와의 전쟁이었다. 그렇다면 그리스 신화에서 인간이 탄생한 시점은 최소한 기간테스와의 전쟁이 있기 전이었다고 생각할 수 있을 것이다.

제우스를 비롯한 신들은 먼저 이 세상에서 살아가게 될 죽을 수밖에 없는 운명의 것들의 형체를 진흙을 빚어 만들기 시작했다. 모든 형체들이 빚어지자 제우스는 프로메테우스Prometheus와 에피메테우스 Epimetheus 두 형제를 불러 각각의 형체에 알맞는 능력들을 분배하라고 했다. 프로메테우스와 에피메테우스는 이아페토스의 아들들이다. 프로메테우스는 '먼저 아는 자'라는 뜻이고 에피메테우스는 '나중에서야 아는 자'라는 뜻이다. 이름에서도 알 수 있듯이 프로메테우스는 현명하며 선견지명이 있었지만 에피메테우스는 그와는 반대였다.

작업장으로 돌아 온 에피메테우스는 프로메테우스에게 이런 일은 자기 혼자서도 충분히 할 수 있으므로 프로메테우스는 돌아갔다가 후에 잘못된 부분들이 없는지를 조사해 보라고 한다. 프로메테우스를 돌려보낸 에피메테우스는 각각의 것에 맞는 능력들을 분배하기 시작했다. 다른 것에 비해 몸집이 큰 것들에는 빠르지 않은 능력을 주었고 몸집이 작은 것들에는 빠른 능력을 부여했다. 어떤 것은 땅에서 어떤 것은 물에서 또 어떤 것은 날개를 달아 하늘에서 살아갈 수 있도록 했다.

에피메테우스는 어떤 것도 멸종하지 않도록 나름대로는 대단히 신중하게 능력들을 나누어 주었다. 어떤 것들은 빽빽한 털과 두꺼운 피부로 둘러 감았고 어떤 것들은 여름날의 열기를 견딜 수 있도록 했다. 그리고 각각에게 서로 다른 음식을 주었다. 어떤 것들은 흙에서 나는 풀을 먹게 했고 어떤 것들은 나무로부터 열매를 또 다른 것들에는 그 뿌리를 먹도록 했다. 그리고 그러한 것들은 또 다른 것들의 먹이가 되게 했다. 또한 다른 것의 먹이가 되는 것들에게는 다산의 능력을 주었고 다른 것들을 잡아먹는 것들에는 적게 낳는 능력을 부여했다. 결국 이렇게 해서 신중하지 못한 에피메테우스는 자신도 모르는 사이에 제우스로부터 허락받은 모든 능력을 다 써 버리고 말았다. 인간은 아직 아무런 능력도 받지 못한 채 작업장 한 쪽 구석에 놓여 있었다. 그러나 그는 무엇을 해야 할지를 몰랐다.

약속한 날이 되자 프로메테우스가 작업장으로 왔다. 에피메테우스는 당황해서 어쩔 줄을 몰라 하고 있었다. 프로메테우스는 인간이 아무 것도 갖지 못한 벌거숭이로 있는 모습을 보게 된다. 이미 제우스와 약속한 날이 다가오고 있었다. 그날에 인간은 다른 것들과 함께 이 세상으로 나아가야만 했다. 프로메테우스는 인간을 어떻게 안전하게 보호할지를 고민한 끝에 아테나 여신과 헤파이스토스가 함께 사용하면서 기술을 연마하는 작업장으로 몰래 숨어 들어갔다. 그리고 그곳에서 불과 기술 혹은 지혜를 훔쳐 인간에게 준다.

에피메테우스로부터 아무런 능력도 받지 못한 인간이 그 상태대로 세상에 나왔다면 다른 것들의 먹이가 되어 바로 멸종했을 것이다. 왜냐하면 인간은 야생동물과 맞닥뜨렸을 때 같이 싸울 수 있는 날카로운 손발톱도 없고 치아도 강하지 않기 때문이다. 그렇다고 해서 하늘이나 물속으로 피할 수도 없을뿐더러 야생동물보다 빨리 달릴 수도 없다. 뿐만 아니라 인간은 추운 겨울을 견딜 수 있는 두꺼운 가죽이나 털도 없는 상태이다. 하지만 그런 나약한 인간이 프로메테우스의 도움으로 삶을 유지할 수 있게 된 것이다.

불과 지혜 혹은 기술은 애당초 제우스의 계획에는 없었던 것이었다. 제우스는 죽을 수밖에 없는 존재에게 그것들을 나누어 줄 생각이 없었

카우카소스산

다. 왜냐하면 불과 지혜란 너무나도 신적인 능력으로 그것들을 어떻게 사용하느냐에 따라 세상의 이치나 질서뿐만 아니라 신의 영역에까지 도전할 수 있기 때문이다. 화가 난 제우스는 프로메테우스에게 도둑질의 형벌을 내린다. 프로메테우스는 카오카소스 산 위에서 헤파이스토스가 만든 쇠사슬에 묶인 채 날마다 독수리에게 간을 쪼이는 벌을 받게 된다.

프로메테우스가 도둑질의 형벌을 받는 모습은 많은 상징을 가지고 있다. 먼저 독수리에게 간을 쪼인다는 것으로부터 이 형벌이 제우스와 직접적으로 관련된 것임을 알 수 있다. 그리고 이 형벌이 날마다 이어졌다는 것은 한 번으로 끝나는 일회적인 형벌이 아니라는 것인데 그 이유는 프로메테우스의 죄가 그만큼 크고 무거웠다는 것을 보여준다. 헤시오도스의 『신통기』 521~525행에 따르면 긴 날개의 독수리가 그

제우스로부터 형벌을 받는
프로메테우스

의 불멸의 간을 쪼아 먹었지만 밤사이에 그의 간은 독수리가 낮 동안 쪼아 먹은 만큼 다시 자라났다고 한다. 이러한 신화가 고대 그리스인들 사이에서 이야기되었다는 것은 그들이 이미 인간의 신체 장기 중에서 간의 재생력과 관련된 정보를 어느 정도 가지고 있었음을 유추해 볼 수 있다.

제우스가 프로메테우스에게 형벌을 내렸다고 해서 모든 문제가 해결된 것은 아니다. 문제는 불과 지혜를 선물로 받은 인간이 그것을 통해 세상의 이치와 신의 영역에 도전하지 못하도록 하는 조치를 강구해야만 하는 것이었다. 제우스는 오랜 궁리 끝에 인간의 관심을 빼앗을 수 있는 매력적인 존재를 그의 곁에 두기로 한다. 그래서 그는 최초의 여성인 판도라를 만들기로 한다.

판도라는 대장장이 신 헤파이스토스에 의해 만들어진다. 헤파이스토스는 불멸의 신들의 모습을 본떠 판도라를 만들었다고 한다. 그리고 신들은 저마다 한 가지씩 선물들을 그녀에게 주는데 판도라Pandora는 '모든 선물을 받은 여인' 이라는 뜻이다. 헤파이스토스는 그녀에게 아름다운 장신구를, 아프로디테 여신은 아름다움을, 아테나 여신은 좋은 옷감을, 헤르메스는 남성을 설득할 수 있는 달변의 능력을 각각 선물로 준다. 그리고 제우스는 그녀에게 상자를 하나 주면서 열어보지 말고 잘 간직하라고 경고한다.

프로메테우스가 반복되는 고통의 형벌을 받게 되는 것은 결국 에피메테우스 때문이다. 프로메테우스가 불과 지혜를 훔칠 수밖에 없도록 한 장본인은 에피메테우스였다. 그렇다면 에피메테우스 역시 어떤 식으로라도 그에 합당한 벌을 받아야 하지 않겠는가. 에피메테우스 역시 제우스로부터 형벌을 받게 된다. 선견지명을 지녔던 프로메테우스는 이 모든 것을 미리 알고 고통의 형벌을 받으면서도 에피메테우스에게 제우스가 주는 어떤 선물도 받지 말라고 충고한다. 에피메테우스는 형의 간곡한 충고를 잊어 버린 채 제우스가 보내는 선물을 받게 된다. 제우스가 에피메테우스에게 보낸 선물은 판도라였다. 에피메테우스는 그녀의 아름다움에 매료되어 그녀와 결혼한다.

에피메테우스가 판도라와 혼인하게 되는 것이 에피메테우스에게는 일종의 형벌이다. 불멸의 신이 죽을 수밖에 없는 인간과 혼인하는 것은 신에게는 일종의 형벌이다. 이것은 남신과 인간의 여인과의 혼인뿐만 아니라 여신과 인간 사내와의 혼인 모두에 대해서 마찬가지이다. 결혼은 사랑을 전제로 한다. 다시 말해 사랑하기 때문에 결혼하는 것이다. 그런데 불멸의 신이 인간과 혼인하게 된다면 영원한 청춘을 간직하면서 사는 신이 자신이 사랑하는 배우자의 늙고 병들어 괴로워하면서 죽어가는 모습을 옆에서 지켜보면서 가슴 아파해야만 한다. 그렇기 때문에 신과 인간의 혼인은 신에게는 일종의 형벌인 것이다. 「사랑의 신화」에서 보았던 에로스와 프쉬케의 결혼은 이와는 다르다. 프쉬케는 제우스로부터 불사의 은혜를 받은 뒤 에로스와 혼인하였다.

판도라는 에피메테우스와 혼인한 후 어느 날 제우스의 경고를 무시한 채 호기심을 이기지 못하고 그만 제우스가 준 상자를 열어보고 만다. 그러자 상자 안에서 인간과 관련된 모든 불행들이 튀어나와 세상에 퍼졌다. 너무 놀란 판도라가 상자의 뚜껑을 닫았지만 이미 모든 것

제우스가 준 상자를 열어보는 판도라

이 빠져나왔고 단지 바닥에 남아 있던 희망만이 빠져나오지 못했다. 판도라가 열어본 상자는 인간의 마음을 상징하는 것이다. 그래서 인간은 세상을 살아가면서 마음으로부터 생긴 온갖 불행에 시달리게 되지만 언제나 마지막 순간까지 희망만을 위로삼아 그 끈을 놓지 않는 것이다. 자신에게 내려진 신탁이 이루어지지 않기를 바라고 신탁이 이루어지지 않도록 갖은 노력을 다하는 것도 같은 이유에서이다.

플라톤의 『프로타고라스』편 322a~d에는 세상에 출현한 인간이 생존을 위해 어떤 과정을 거치게 되는지 그리고 인간 생존의 조건이 무엇인지와 관련된 이야기가 있다.

인간은 신성의 일부를 공유하게 되었기 때문에 다시 말해 신과의 친족성 때문에 동물들 중에서 유일하게 신을 생각했고 제단을 세워 신들을 경배했다고 한다. 이러한 것은 인간에 대한 다양한 규정들 중에서도 인간을 '종교적인 동물'로 정의하는 방식이다.

어떻든 인간은 프로메테우스로부터 받은 지혜 혹은 기술을 통해 말을 빨리 만들어냈고 집과 옷과 잠자리를 구했으며 땅과 물로부터 먹을 것을 찾았다. 그리고 불을 가지고 그 음식을 조리하고 어둠을 밝힐 수 있었다. 하지만 익숙하게 알고 있듯이 이 세상에 출현한 최초의 인간들은 움막이나 동굴 등에서 뿔뿔이 흩어져 지냈다. 이것은 개미나 벌과 같은 동물들이 태어나면서부터 본능적으로 모여 사는 것과는 구별된다. 인간은 처음부터 공동체를 형성하면서 지낸 것이 아니다. 왜냐하면 인간이 프로메테우스로부터 받은 것은 불과 그 불을 다루는 기술이었지 함께 모여 사는 다시 말해 공동체를 형성하고 유지하는 기술이나 지혜는 아니었기 때문이다.

동물의 공동체를 군집이라고 하지만 인간의 공동체는 사회라고 한다. 동물의 군집은 본능에 따라 구성되며 힘의 법칙에 따라 유지된다. 그러나 인간의 사회는 처음부터 있었던 것이 아니기 때문에 필요에 의해 구성된 것이며 운영 방식도 군집과는 다르다.

그렇다면 뿔뿔이 흩어져서 지내던 인간들은 무엇 때문에 어떤 필요에 의해서 모여 살게 되었을까? 인간은 채식과 육식을 병행한다. 채식을 위해서는 채집을 하여야 하고 육식을 위해서는 사냥을 하여야만 한다. 사회학자인 기든스Anthony Giddens 교수는 『사회학 개론』*Sociology*이라는 저서에서 이 당시에 이미 남성과 여성의 노동이 분화되어 있었다고 한다. 여성은 움막이나 동굴 주변의 들판과 나무에서 먹거리를 채취하였고 남성은 사냥에 종사했다. 그 이유는 여성에게는 출산과 양육이라는 신체적 제약이 있기 때문이다. 임신한 여인이 부른 배를 움켜쥐고 사냥감을 잡기 위해 사냥터를 뛰어다니는 것은 아무리 생각해도 유익하지 않다.

채집을 하는 여성은 사냥을 하는 남성에 비해 안정적인 먹거리를 확보할 수 있었다. 왜냐하면 당시로서는 사냥 도구가 미개했을 뿐더러 사냥에 대한 노하우도 없었기 때문이다. 실제로 한 번 생각해 보자. 당시 인간이 사냥을 하던 곳은 인간만의 사냥을 위해 특별히 준비된 장소가 아니었다. 그곳은 인간이 사냥하는 사냥감만 뛰어다니는 곳이 아니라 인간을 사냥하는 야생동물들도 함께 있었던 곳이다. 만일 사냥을 나간 남성이 열심히 사냥감을 쫓다가 인간을 사냥하는 야생동물의 습격을 받으면 어찌 되겠는가? 그의 생존 가능성은 0%이다.

사냥을 나갔던 남자가 야생동물의 습격을 받아 돌아오지 않는다고 하더라도 집안의 여인은 여전히 같은 양의 먹거리를 채집할 수 있다. 그녀는 한 명의 남자가 더 먹을 수 있는 먹거리를 가지고 있는 것이다. 그렇다면 그녀에게는 또 다른 남자를 선택할 수 있는 권리가 주어진다. 기든스 교수는 이 당시를 모권母權이 지배했던 시기라고 한다.

하지만 이런 경우도 생각해 볼 수 있다. 사냥터에서 사냥감을 쫓을 때 우연히 같은 사냥감을 두 사람이 쫓는 경우도 있을 수 있다. 그럴 경우 서로가 사냥감을 먼저 잡기 위해 최선을 다해 내달리게 되는데 바로 그때 인간을 사냥하는 야생동물의 습격을 받게 된다면 그때 사냥꾼의 생존 가능성은 50%가 된다. 이러한 우연한 경험의 반복은 학습 효과를 가져다준다. 그 후부터는 사냥을 나갈 때마다 둘이 함께 다니게 된다. 만약 세 사람이 함께 사냥을 나갔다가 야생동물의 습격을 받는다면 사냥꾼의 생존 가능성은 66% 이상이 된다. 그리고 인간 열 명이 함께 사냥을 나간다면 생존 가능성이 90%로 높아지는 것이 아니라 야생동물마저도 사냥할 수 있을 것이다. 이러한 경험들과 경험이 가져다 준 학습 효과를 통해 인간들은 모여서 공동체를 형성하게 된다.

이처럼 인간이 만든 공동체 곧 사회는 본능적으로 구성되는 군집과는 달리 필요에 의해 형성된 것이며 그 필요는 바로 생존 유지였다. 이러한 특징으로 해서 인간은 '사회적 동물'이라고 정의된다. 공동체를 통해 인간은 야생동물이나 자연재해로부터 서로가 서로를 보호할 수 있게 된 것이다. 그런데 그들이 미처 생각하지 못했던 것이 있었다. 그들에게는 여전히 공동체에서 함께 살아가는 기술이나 지혜가 없었다. 공동체를 형성한 인간은 더 이상 야생동물로 인해 덧없는 죽임을 당하지 않았다. 하지만 이제 인간은 인간에 의한 인간의 죽임을 경험하게 된다. 왜냐하면 홉스Hobbes가 이야기했듯이 자연 상태에서는 '인간은 인간에게 늑대' Homo homini lupus와 다름없기 때문이다. 그들에게는 자신의 이익만이 있을 뿐 공동의 이익이나 공공의 선이라는 관념이 아직 없었다.

그렇다고 해서 공동체를 파괴하고 다시 예전의 자연 상태로 돌아갈 수는 없다. 이제 인간은 공동체를 유지하고 발전시키기 위한 조치를 필요로 했다. 그리스 신화에서는 이때 제우스가 헤르메스를 시켜 인간에게 정의와 염치심을 주었다고 한다. 이때 헤르메스는 제우스에게 정의와 염치심을 어떤 방식으로 누구에게 주어야할지를 묻는다. 의술은 모든 사람이 다 가질 필요가 없다. 소수의 사람만이 의술을 가지고 있어도 다른 모든 사람들을 건강하게 돌볼 수 있다. 다른 전문적인 기술들도 마찬가지이다. 하지만 제우스는 정의와 염치심을 모든 사람이 나누어 가질 수 있도록 하라고 한다. 왜냐하면 몇몇의 사람만이 그러한 것을 갖게 된다면 공동체는 여전히 유지될 수 없기 때문이었다. 제우스가 인간에게 허락한 정의와 염치심은 인간의 결속과 공동체의 질서를 유지하기 위한 기본적인 조건들인 동시에 공동체에서 더불어 살아가기 위해서 필요한 지혜이다.

정의와 염치심을 부여받은 인간은 이제 공동체를 유지하고 발전시키기 위한 최소한의 합의 체계를 만들어 낸다. 이러한 합의 체계는 공리성에 기초하고 있다. 공리성이란 내가 피해를 받지 않기 위해 다른 사람에게 피해를 주어서는 안 된다는 의식에서 출발한다. 이러한 공리성에 기초한 최소한의 합의 체계가 바로 법이다.

법을 위반한 자에 대해서는 어떻게 해야 하는가? 인간이 인간을 처벌할 수 있는지와 그 처벌의 한계가 어디까지인지는 지금까지도 계속되는 논란 중의 하나이다. 그리스 신화에서 제우스는 정의와 염치심에 참여하지 않는 자들은 공동체의 전염병이기 때문에 죽도록 하라고까지 했다. 법을 지키지 않은 경우 처벌이 허락되지 않는다면 그것은 인간의 결속과 공동체의 질서에 대한 심각한 도전이 될 수 있다. 하지만 그렇다고 해서 무분별한 처벌이 시행되어서는 안 될 것이다. 무분별한 처벌이란 도둑질한 자의 손목을 자르고 거짓말한 자의 혀를 뽑는 그러한 것들이다. 이러한 것들은 잘못에 상응하는 보복을 가하는 것으로 응보주의적인 처벌이라고 이야기된다.

소크라테스Socrates로부터 서구사회에 이어지고 있는 전통적인 관념이 있다. 그것은 누구도 일부러 혹은 알고서 잘못을 저지르지는 않는다는 것이다. 잘못을 저지르는 경우 그 사람은 몰라서 어쩔 수 없이 그렇게 하게 된다. 모르는 사람에게 할 수 있는 최선의 방책은 가르침이다. 따라서 처벌은 가르침의 맥락에서 부과되는 것으로 교화 가능성에 기초하고 있어야 한다. 이러한 것을 공리주의적인 처벌이라고 부른다. 공리주의적인 처벌은 두 가지 목적을 갖고 있다. 하나는 처벌을 함으로써 동일한 사람이 같은 잘못을 또다시 못 저지르게 하기 위한 목적이 있다. 또 다른 하나는 그 사람이 처벌받는 것을 보는 다른 사람들도 그와 같은 잘못을 못 저지르게 하기 위한 목적이다. 이러한 두 가지 목적에 기초한 공리주의적인 처벌은 결국 인간의 공동체를 유지하고 발전시키기 위한 필요조건이라고 할 수 있다.

# 여덟 번째 이야기

# 8

## 인간의 영웅

먼저 그리스 신화에 등장하는 영웅들의 일반적인 특징들을 살펴보기로 하자.

그리스 신화에 등장하는 영웅들은 인간 중에서도 가장 뛰어난 자들이다. 그런데 이미 여러 번 이야기했지만 고대 그리스인들은 인간을 육체와 영혼이 결합된 존재라고 생각하고 있었다. 따라서 그리스 신화에 등장하는 영웅은 신체적인 능력과 지적인 능력 모두가 가장 뛰어난 자들이라고 할 수 있다. 그리스 신화에서는 강인하고 월등한 신체적인 조건을 타고났다고 해서 무조건 영웅의 칭호를 얻는 것이 아니다. 그러한 신체적인 강인함에 어울리는 그리고 그보다는 더 중요한 지적인 탁월함을 갖추어야만 한다. 그렇기 때문에 그리스 신화에 나오는 대부분 영웅들의 수호신은 지혜의 여신 아테나이다.

영웅들은 일상적이지 않은 출생의 모습을 보인다. 그들은 출생에서부터 평범한 일상의 인간들과는 구별된다. 그리고 반드시 영웅으로서의 삶을 살아갈 충분한 자격이 있는지를 검증받게 된다. 이러한 검증은 불가능하다고 여겨지는 모험을 통해서 이루어지게 되는데 대개는 생명을 담보로 하는 다시 말해 실패할 경우 죽을 수밖에 없는 그러한 모험들이다. 비범한 출생과 함께 영웅으로서의 자질을 시험받는 이러한 과정은 제우스가 탄생에서의 고난을 이겨내고 대신이 되기까지 겪었던 과정들이 인간의 삶에 그대로 투영된 것이라고 할 수 있다. 또한 영웅은 죽음과 명예까지도 초월하는 모습을 보여준다.

헤라클레스

그리스 신화에서 이야기되는 영웅 신화들은 고대 그리스인들에게 인간이 따라야할 모범이 될 만한 본보기로 여겨졌다. 그들은 영웅 신화를 통해 인간이 지닌 불굴의 용기와 강인한 힘을 느꼈고 인간 정신의 탁월함과 위대함을 배웠다. 그리고 그들의 이야기를 통해 어떻게 살아야 하는지를 다시 생각했다. 영웅 신화는 고대 그리스인들에게 일종의 삶의 지침과도 같았던 것이다.

그리스 신화에는 수많은 영웅들에 대한 이야기들이 있다. 그러나 그리스 신화 전체를 통틀어 가장 뛰어난 인간의 영웅은 누가 뭐라고 해도 헤라클레스이다.

헤라클레스Heracles는 로마에서 헤라쿨레스Heracules라고 불렸다. 그는 제우스와 인간의 여인인 알크메네 사이에서 태어난다. 그의 이름이 처음부터 헤라클레스라고 불렸던 것은 아니다. 그의 본명은 알키데

양손으로 독사를 잡는 어린 헤라클레스

스 혹은 알카이오스였다. 이 이름들은 모두 신체적인 힘이나 강인함을 의미하는 그리스어 알케alke와 관련된다. 그는 아폴론 신탁소에서 '헤라 여신의 영광'이라는 뜻의 헤라클레스라는 이름을 받게 되는데 그 이유는 그가 앞으로 치르게 될 12가지 시험들이 헤라 여신의 영광을 위한 것들이었기 때문이다. 이후로 그는 헤라클레스라고 불린다.

헤라클레스가 주로 사용한 무기는 곤봉이었다. 그는 이 곤봉을 네메아에서 직접 깎아서 만들었다. 그가 사용하는 다른 무기들은 신들이 준 것들이다. 헤르메스는 검을, 아폴론은 활과 화살을, 헤파이스토스는 황금빛 갑옷을, 포세이돈은 말을 그에게 주었다.

알크메네가 제우스의 아이를 잉태했다는 사실을 안 헤라 여신은 출산의 여신인 에일레이튀이아를 보내 주지 않아 헤라클레스는 태어나기도 전에 고초를 당한다. 그러나 그는 젖먹이 시절 헤라 여신의 젖을 먹음으로 해서 불사의 은혜를 받게 된다.

헤라클레스가 9개월이 되었을 때 헤라 여신은 헤라클레스가 잠들어 있는 요람에 독사 두 마리를 보냈다. 하지만 어린 헤라클레스는 독사들을 한 손에 한 마리씩 잡아 그 숨통을 졸라 죽였다. 이로써 그는 자신이 제우스의 아들임과 동시에 강인한 신체적 힘을 가지고 있음을 보이게 된다.

이후 헤라클레스는 헤라 여신으로부터 12가지 시험을 부과 받게 되는데 헤라 여신은 그의 사촌이었던 에우뤼스테우스Eurystheus를 시험의 감독관으로 정했다.

헤라클레스가 치르는 첫 번째 시험은 네메아의 식인 사자와의 결투였다. 네메아의 사자는 튀폰의 아들이었던 오르트로스와 에키드나 사이에서 태어난 괴물로 테바이의 스핑크스와는 형제였다. 이 괴물 사자는 네메아 지방의 주민들과 가축들을 잡아먹으면서 그 지방을 황폐하게 만들었다. 이 사자는 출구가 둘인 동굴에서 살았으며 어떤 무기에도 상처를 입지 않았다. 그래서 헤라클레스는 동굴의 한 쪽 입구를 막아버리고 곤봉으로 위협하여 사자를 굴속으로 들어가게 한 후 양팔로 목을 졸라 죽였다. 헤라클레스는 자신의 첫 번째 시험을 통과한 승리의 징표로 삼기 위해 사자 가죽을 벗겨 몸에 둘렀다. 그래서 그리스 도자기들에서는 헤라클레스를 사자 가죽을 뒤집어쓴 모습으로 많이 묘사하고 있다. 제우스는 헤라클레스의 승리를 기념하기 위해 사자를 하늘에 올려 별자리로 삼았는데 그것이 사자자리이다.

네메아의 식인 사자와 싸우는 헤라클레스

이어지는 시험은 레르네의 휘드라Hydra와의 대결이었다. 휘드라는 튀폰과 에키드나 사이에서 나온 괴물이다. 휘드라는 5개 아니면 6개의 머리를 하고 있었는데 그 중 하나는 불사의 머리였다. 그리

사자 가죽을 뒤집어 쓴 헤라클레스

고 휘드라의 입에서 뿜어져 나오는 독은 치명적이어서 누구든지 그 입김을 쏘이면 죽게 된다. 헤라클레스는 먼저 칼로 휘드라의 목을 잘라냈지만 잘려진 목에서 다시 새로운 머리가 돋아났다. 그래서 헤라클레스는 휘드라의 목을 잘라내고 그곳을 불로 지져 새살이 돋아나지 못하도록 했다. 한 가운데에 있었던 불사의 머리는 땅속에 묻고 그 위를 커다란 바위를 옮겨 눌렀다. 그리고 헤라클레스는 자신의 화살에 휘드라가 흘리는 피를 묻혀 독화살을 만들었다.

이번에는 에뤼만토스 산에 살고 있는 괴물 멧돼지를 산 채로 잡아오는 시험이 부과되었다. 헤라클레스는 멧돼지 굴 앞에서 고함을 쳐서 멧돼지를 굴 밖으로 나오게 한 뒤 하루종일 눈밭으로 몰고 다녀 지치게 한 후 그 멧돼지를 사로잡았다.

다음은 오이노에에 사는 사슴을 잡는 시험이었다. 이 사슴은 매우 날쌨기 때문에 헤라클레스는 사슴을 잡기 위해 1년을 뒤쫓았다고 한다. 마침내 헤라클레스의 계속되는 추적에 지친 사슴이 아르테미시온 산에서 숨을 곳을 찾다가 헤라클레스가 쏜 화살을 맞고 잡힌다. 신화에 따르면 헤라클레스는 이 사슴을 잡기 위해 북쪽으로 이스트로스 강을 건너 히페르보레이오이 족이 사는 곳까지 갔다고 하는데 이것은 헤라클레스의 북방 원정과 모험을 이야기 하는 것이다. 고대 그리스인들은 이러한 신화를 통해 그리스의 북방 지배를 정당화하려고 했을 것이다.

또 다른 시험은 괴물 새떼를 물리치는 것이었다. 아르카디아의 스팀팔로스라는 호숫가에 있는 숲에는 엄청나게 많은 수의 괴물 새들이 살고 있었다. 이 새떼는 들판에서 자라는 과일들을 모조리 먹어치웠고 모든 농작물들을 약탈했다. 뿐만 아니라 이 새들은 날카로운 청동 깃털을 가지고 있어서 자신들을 공격하는 적들에게 화살처럼 깃털을 쏘았다고 한다. 하지만 평소에는 숲속에 은밀하게 숨어있어 잡기가 여간 어렵지 않았다. 이 시험을 통해 헤라클레스는 자신의 지적인 탁월함을 드러낸다. 그는 새떼들을 숲에서 끌어내기 위해 청동으로 타악기를 만들어 시끄럽게 두드렸다. 그 소리에 놀란 새떼가 숲에서 나오자 화살을 쏘아 쉽게 퇴치할 수 있었다.

헤라클레스는 아우게이아스Augeias 왕의 외양간을 치우는 시험도 치르게 된다. 아우게이아스는 펠로폰네소스에 있는 엘리스의 왕이었다. 헬리오스의 아들이었던 그는 아버지로부터 어마어마한 가축을 물려받았다. 하지만 가축의 배설물을 치우지 않아서 토지는 비옥함을 잃고 불모의 땅으로 변하고 있었다. 신화에 따르면 이 외양간에는 3,000 마리의 황소가 있었고 30년 동안 한 번도 치우지 않았다고도 한다. 그런데 헤라클레스에게 주어진 시험은 이 외양간을 하루 만에 치우는 것이었다. 헤라클레스는 다시 한 번 영웅으로서의 자신의 지적인 탁월함을 드러낸다. 그는 엘리스의 주위를 흐르고 있는 알페이오스 강과 페네이오스 강의 물줄기를 끌어들여 이 시험을 마치게 된다. 헤라클레스와 관련된 이러한 신화는 이 신화가 이야기될 당시 고대 그리스 사회에 이미 치수 사업이 시행되고 있었음을 보여주는 단적인 예이다.

이번에는 크레테 섬의 황소를 데려오라는 시험이 주어진다. 크레테 섬의 미노스 왕은 바닷물 위로 떠오르는 것은 무엇이든지 포세이돈에게 바치겠다고 약속했다. 그런데 어느 날 바다에서 아주 훌륭한 황소가 한 마리 나오는 것을 보았다. 미노스Minos 왕은 그 황소를 자신의 가축들 가운데 숨겨두고 포세이돈에게는 다른 소를 한 마리 바쳤다. 화가 난 포세이돈은 복수로 그 황소를 난폭하게 만들어 나라에 해를 끼치게 했다. 크레테로 간 헤라클레스는 그 황소를 맨 손으로 잡아 데려갔다.

디오메데스Diomedes의 암말들을 데려오는 시험도 있었다. 트라케의 왕이었던 디오메데스에게는 인육을 먹는 암말들이 있었는데 헤라클레스는 그 암말들에게 주인인 디오메데스를 먹이로 주었다. 그러자 그 말들이 고분고분해졌고 헤라클레스는 그 말들을 데려갈 수 있었다

황소를 모는 헤라클레스

헤라클레스와
아마조네스의
대결

고 한다.

다음으로는 히폴뤼테Hippolyte의 허리띠를 가져오는 시험이었다. 히폴뤼테는 아마조네스 족의 여왕이었다. 그녀의 허리띠는 아레스로부터 받은 것이다. 아레스는 히폴뤼테에게 아마조네스 족을 다스리는 권력의 상징으로 그 허리띠를 주었다. 히폴뤼테는 자신을 찾아온 헤라클레스의 용맹함을 알고 허리띠를 흔쾌히 내주었지만 헤라 여신이 아마존의 모습으로 변신하여 나타나 헤라클레스와 아마조네스 사이에 전쟁을 일으켰다고 한다. 또 다른 전승에 따르면 아마조네스 전사들은 헤라클레스가 자신들의 여왕의 허리띠를 가지러 온다는 사실에서 이미 적대감을 가지고 있었다. 그래서 그가 자신들의 영역으로 들어오자 대결을 벌이게 되는데 이 대결에서 헤라클레스는 히폴뤼테의 동생인 멜라니페를 사로잡는다. 히폴뤼테는 그녀를 석방해 주는 조건으로 자신의 허리띠를 주었다고 한다.

다음으로 헤라클레스는 게뤼오네우스Geryoneus의 소떼를 몰고오는 시험을 받게 된다. 크리사오르의 아들이었던 게뤼오네우스는 어마어마한 수의 소들을 가지고 있었다. 그는 목동인 에우리티온을 시켜 그 소들을 머나먼 서쪽 지방에 있는 에리테이아 섬에서 지키게 했다. 에우리티온은 튀폰과 에키드나 사이에서 태어난 오르트로스라는 괴물 개와 함께 그 소들을 지켰다. 헤라클레스는 에리테이아 섬으로 가기 위해 바다를 건너야 했다. 그는 태양 신인 헬리오스로부터 술잔을 빌려 바다를 건넜다. 그 술잔은 헬리오스가 매일 밤 서쪽 바다 끝에 도착하면 동쪽 바다 끝에 있는 자신의 신궁으로 돌아가기 위해 배로 사용했던 커다란 술잔이었다. 섬에 도착한 헤라클레스는 괴물 개인 오르트로스의 공격을 받았지만 곤봉으로 죽이고 뒤따라온 에우리티온 역시 같은 방법으로 죽였다. 헤라클레스가 소떼를 이끌고 안테모스 강을 건너려고 할 때 게뤼오네우스가 맞섰지만 그 역시 헤라클레스의 화살에 죽고 만다. 헤라클레스는 소떼를 헬레오스의 술잔에 싣고 타르테소스로 건너갔다. 남쪽 길인 리비아 연안을 따라 서쪽으로 갔던 헤라클레스는 스페인, 갈리아, 이탈리아, 시칠리아를 지나는 북쪽 길을 통해 그리스로 되돌아왔다. 돌아오는 길에 헤라클레스는 소들을 훔치려는 수많은 강도들의 공격을 받았지만 그들을 모두 물리쳤다. 헤라클레스가 머나먼 서쪽의 에리테이아 섬으로 가서 그곳에서 소떼를 몰고 왔다는 이러한 신화는 그리스의 서쪽으로의 영토 확장과 그 지배 과정을 설명해 준다고 할 수 있다. 고대 그리스인들은 헤라클레스라는 영웅을 통해 자신들의 서방 원정을 정당화하거나 미화했다고 할 수 있다. 헤라클레스가 몰고 온 소떼는 원정에서 획득한 전리품을 상징화한 것이다.

이제 헤라클레스는 황금 사과를 가져오는 시험을 부과받게 된다. 이 황금 사과는 제우스와 헤라 여신이 혼인할 때 가이아 여신이 헤라 여신에게 혼인 선물로 준 것이었다. 헤라 여신은 그 황금 사과를 아틀라스 산 근처에 있는 자신의 정원에 심게 했다. 그리고 튀폰과 에키드나 사이에서 태어난 머리가 백 개 달린 불사의 용을 시켜 지키게 했고 세 명의 헤스페리데스Hesperides 님프들에게 돌보게 했다. 헤스페리데스는 땅을 짊어지는 형벌을 받는 아틀라스에게서 태어난 석양의 님프들이다. 헤라클레스는 이 시험을 통해 자신의 영웅으로서의 자질 다시 말해 신체적인 강인함과 정신적인 탁월함이 조화된 모습을 보여준다. 그는 먼저 아틀라스를 찾아간다. 그리고 고통의 형벌을 치르고 있는 아틀라스에게 헤스페리데스 님프들이 돌보는 황금 사과를 가져다 주면 그 동안 자신이 대신 땅을 떠받치고 있겠다고 제안한다. 형벌이 너무나도 고통스러웠던 아틀라스는 헤라클레스의 제안을 흔쾌히 수락한다. 그리고선 자신의 딸들이 있는 헤라 여신의 정원으로 가서 황금 사과를 가져와 헤라클레스에게 주게 된다. 위의 석판은 헤라클레스가 아틀라스를 대신해서 땅을 떠받치고 있는 동안 아틀라스가 황금 사과를 가져다주는 모습이다. 헤라클레스 뒤에서 그에게 힘을 보태주는 여신은 수호신인 아테나이다. 이것은 바로 헤라클레스가 이번 시험을 신체적 강인함과 함께 정신적 탁월함을 통해 극복하는 모습을 보여준다.

아틀라스를 대신해 땅을 떠받치고 있는 헤라클레스와
그를 돕는 아테나 여신,
그리고 황금사과를 가져다 주는 아틀라스

헤라클레스가 치르는 마지막 시험은 지하세계의 감시견인 케르베로스를 데려 오는 것이었다. 케르베로스를 데려 오기 위해서는 지하세계로 내려가야만 했다. 만일 제우스가 헤르메스와 아테나 여신을 시켜 그를 도와주라고 하지 않았다면 그는 이 마지막 시험을 통과할 수 없었을 것이다. 헤르메스의 도움으로 지하세계로 가게 된 헤라클레스는 지하세계의 주인인 하데스를 만나 케르베로스를 데리고 가게 해 달라고 청한다. 하데스는 곤봉만을 사용해서 케르베로스를 제압할 수 있다면 기꺼이 데려가도 좋다고 허락한다. 결국 헤라클레스는 케르베르스를 제압할 수 있었고 하데스와의 약속대로 케르베로스를 지상으로 끌고 나와 에우뤼스테우스에게 보여준 후 다시 지하세계로 데려다준다.

헤라클레스는 이렇게 목숨을 담보로 한 12가지 시험을 모두 통과함으로써 가장 완전한 인간의 영웅으로 추앙받게 된다. 그리스 신화에서는 이 가장 완전한 인간의 영웅과 관련된 전승들을 통해 인간의 용기와 힘 그리고 지적인 능력의 탁월함을 이야기하고 고난을 극복하는 인간의 불굴의 의지를 보이고자 했던 것이다. 또한 헤라클레스와 관련된 신화는 그리스가 세상의 패권을 차지하게 되는 과정을 합리화하는 데에도 지속적으로 이용되었다.

헤라클레스는 데이아네이라Deianeira를 아내로 맞이한다. 데이아네이라는 칼리돈의 왕이었던 오이네우스의 딸이며 멜레아그로스의 누이이다. 헤라클레스는 케르베로스를 데려오기 위해 지하세계로 내려갔을 때 그곳에서 멜레아그로스의 정령을 만나 그의 누이인 데이아네이라와 혼인하겠다고 약속했었다. 하지만 그녀와의 혼인은 수월하지 않았다. 그녀에게는 강의 신인 아켈로오스Acheloos가 이미 청혼한 상태였다. 결국 헤라클레스와 아켈로오스는 데이아네아라를 사이에 두고 결투를 벌였다. 이 결투에서 헤라클레스는 자신이 가진 모든 힘을, 아켈로오스는 신이 가진 모든 능력을 쏟아 부었다. 마침내 아켈로오스가 엄청난 크기의 황소로 변신하여 헤라클레스를 공격하자 헤라클레스는 황소의 뿔 중 하나를 부러뜨렸고 아켈로오스는 자신의 패배를 인정하고 물러섰다.

헤라클레스와
아켈로오스의 대결

헤라클레스와 강의 신인 아켈로오스의 대결은 몇 가지 중요한 상징적인 의미를 가지고 있다. 헤라클레스는 아우게이아스 왕의 외양간을 하루 만에 치울 때 알페이오스 강과 페네이오스 강의 물줄기를 끌어들었다. 그것은 당시 치수사업이 가능했음을 보여주는 신화라고 이미 다루었다. 이제 헤라클레스가 아켈로오스와의 대결에서 강의 신을 제압했다는 것은 치수의 완성이라고 이야기될 수 있다. 또 한 가지 중요한 의미도 발견할 수 있다. 아무리 하급 신이라 하더라도 인간이 신을 이겼다는 점이다. 이러한 내용은 신화에서는 대단히 독특하다고 이야기할 수 있다. 우리는 이러한 신화로부터 당시 고대 그리스인들의 자의식이 최고조에 달했음을 다시 한 번 유추할 수 있다.

헤라클레스는 데이아네이라와 혼인한 후 함께 떠난 어느 여행길에서 에우에노스 강을 건너게 되었다. 그 강가에는 네쏘스Nessos라는 켄타우로스가 있었는데 그는 사람들을 등에 태워 강을 건네주곤 했다. 헤라클레스와 데이아네이라가 강가에 이르자 네쏘스는 먼저 헤라클레스를 등에 태워 강을 건네주었다. 그리고선 데이아네이라를 자신의 등

데이아네이라를 납치하는 네쏘스

에 태운 뒤 그녀를 납치하기 위해 쏜살같이 내어달렸다. 데이아네이라는 구해달라고 소리쳤다. 헤라클레스는 달아나는 네쏘스의 심장을 향해 화살을 쏘아 관통시켰다. 심장에서 피를 뿜으면서 죽어가는 네쏘스는 데이아네이라에게 자신의 피를 간직하고 있으면 그녀로부터 헤라클레스의 마음이 떠났을 때 그 마음을 다시 돌려놓을 수 있을 것이라고 말했다. 데이아네이라는 그 말을 곧이곧대로 믿고 그의 피를 받아 간직한다. 하지만 네쏘스가 뿜어내는 피에는 그의 분노와 복수가 담겨 있었다.

이후 헤라클레스는 어느 원정에서 이올레Iole라는 여인을 또 다른 아내로 맞이한다. 이올레는 오이칼리아의 왕이었던 에우리토스의 딸이었다. 에우리토스는 활쏘기 시합에서 승리하는 자에게 자신의 딸 이올레를 아내로 주겠다고 약속한다. 그 시합에서 헤라클레스가 우승하지만 에우리토스는 이올레와의 혼인을 허락하지 않았다. 그러자 헤라클레스는 오이칼리아 왕국을 무력으로 빼앗고 이올레와 혼인한다. 헤라클레스는 에우리토스에게 승리를 거둔 후 제우스에게 감사의 제사를 올리기로 한다. 그는 부하인 리카스를 데이아네이라에게 보내 제례의식에서 입을 예복을 가져오라

제사를
지내는
헤라클레스

고 시킨다. 데이아네이라는 헤라클레스의 마음이 자신에게서 떠났다는 것을 알고 네쏘스가 죽으면서 남겼던 말을 떠올린다. 그래서 그녀는 헤라클레스의 예복에 간직하고 있던 네쏘스의 피를 묻혀 리카스에게 주었다.

헤라클레스는 리카스가 가져온 예복을 아무런 의심 없이 입었다. 옷이 그의 몸에 닿아 따스해지자 배어 있던 네쏘스의 피가 독이 되어 헤라클레스의 온 몸으로 퍼져 나갔다. 헤라클레스는 죽음의 옷을 벗어 던지려고 했지만 이미 옷은 그의 몸에 달라붙어 버렸다. 헤라클레스가 옷을 찢어버리자 그의 살갗과 살점도 함께 찢겨나갔다. 이런 상태로 그는 자신의 집이 있는 트라키스로 돌아갔다. 데이아네이라는 그제야 자신이 무슨 일을 했는지를 깨닫고 스스로 목숨을 끊었다. 모든 것을 잃어버린 헤라클레스는 오이타 산으로 가서 산 정상에 장작더미를 쌓아올렸다. 그리고 스스로를 하늘에 바칠 제물로 쓰기 위해 장작더미 위에 올랐다. 모든 준비가 끝나자 그는 자신의 하인들에게 장작더미에 불을 지피라고 했지만 누구도 그의 말을 따르려고 하지 않았다. 오직 필록테테스Philoktetes만이 영웅의 마지막 여정을 돕는다. 헤라클레스는 자신의 마지막 명령에 복종하고 자신의 마지막 여정을 가능하게 해

준 필록테테스에게 감사의 표시로 자신의 활과 화살을 준다. 헤라클레스가 필록테테스에게 준 화살은 휘드라를 물리친 후 그 피를 묻혀 만든 독화살이었다. 필록테테스가 물려받은 헤라클레스의 이 활과 화살이 트로이아 전쟁에 종지부를 찍게 된다.

헤라클레스의 영혼은 지하세계로 가지 않고 아테나 여신의 보호를 받아 제우스에게로 인도된다. 제우스는 자신의 아들이자 가장 완전한 인간의 영웅이었던 그에게 영광의 별자리를 허락하는데 그것이 헤라클레스 자리이다. 그리고 헤라클레스는 제우스와 헤라 여신 사이에서 탄생한 청춘의 여신인 헤베와 혼인한다. 헤라클레스와 헤베 여신의 혼인은 헤라클레스가 영원한 청춘 다시 말해 불멸의 삶을 얻게 되었음을 의미하는 것이다.

아테나 여신의 인도로 제우스에게 가는 헤라클레스

# 마지막 이야기

9

트로이아 전쟁

## 1. 호메로스

트로이아 전쟁과 관련된 이야기들은 그리스 신화에서 가장 풍부하고 가장 스펙타클한 이야기들 중 하나이다. 트로이아 전쟁에 관한 이야기들은 특히 호메로스Homeros의 『일리아스』와 『오뒤세이아』를 통해서 유명해졌다.

호메로스와 관련된 논의들은 오랫동안 지속되고 있는데 그것을 '호메로스 논쟁' 이라고 부른다. 호메로스 논쟁은 크게 두 가지로 요약될 수 있다. 하나는 호메로스가 실존했던 인물이었는가? 이고, 다른 하나는 『일리아스』와 『오뒤세이아』를 한 작가의 작품으로 볼 수 있는가? 이다.

호메로스는 신화적 베일에 가려진 인물이다. 먼저 호메로스를 실존했던 한 사람으로 보지 않는 경우가 있다. 이런 입장을 주장하는 사람들에 따르면 호메로스라는 이름은 고대 그리스의 서사 시인들 전체를 일컫는다는 것이다. 그들은 『일리아스』에 나오는 여러 부분들이 상당한 시간적 간격을 느끼게 한다는 점을 그 이유로 든다. 호메로스를 실존했던 인물로 보는 경우에도 그의 생존시대에 대해서는 서로 의견을 달리하기도 했다. 헬라니코스와 되르펠트는 기원전 12세기라고 했고 헤로도토스는 기원전 9세라고 했으며 빌라모비츠는 기원전 7세기, 그리고 베테는 기원전 6세기 사람이라고도 했다. 하지만 『일리아스』와 『오뒤세이아』에 대한 문화사적인 측면과 언어사적인 측면의 연구를 통해 지금의 대부분 학자들은 호메로스를 기원전 8세기경에 활동했던 실존 인물로 이해하고 있다.

호메로스

다음으로 『일리아스』와 『오뒤세이아』를 서로 다른 작가의 작품이라고 하는 경우도 있다. 볼프, 헤르만, 라흐만과 같은 사람들은 두 작품에 사용된 언어와 문체 그리고 작품에 나타난 가치관이나 사고방식의 차이를 근거로 들어 그러한 주장을 펼친다. 하지만 바우러와 샤데발트와 같은 사람들은 수백 년을 두고 구전되어 내려온 수많은 이야기들을 하나의 책에 담으려면 방대한 분량과 거대한 구상이 생길 수밖에 없고 그렇기 때문에라도 전체가 매끄럽게 만들어지기가 어려웠을 것이라고 반박한다.

여기에서 우리는 조금 다른 측면을 통해 호메로스 논쟁을 다루어보기로 하자. 호메로스가 실존 인물이었는가에 대한 논쟁은 어느 정도

일단락되었기 때문에 두 번째 논쟁과 관련된 이야기를 하도록 하자. 『일리아스』는 전체가 24권으로 1만 5,693행으로 되어 있으며 『오뒤세이아』 역시 전체가 24권으로 1만 2,110행으로 되어 있는 장편 영웅 서사시이다.

『일리아스』에서는 아킬레우스Achilleus가 10년동안 지속된 트로이아 전쟁에서 펼치는 모험담이 그려지고 있고 『오뒤세이아』에서는 오뒤세우스Odysseus가 트로이아 전쟁을 마치고 고향인 이타케로 돌아가는 10년의 모험담이 그려지고 있다. 그런데 두 작품 모두 일반적인 기승전결의 구조가 아닌 대단히 독특한 서사구조를 띠고 있다. 『일리아스』는 물론 『오뒤세이아』까지 작품의 시작에서 주제로 곧바로 돌입하는 서사 구조를 보여준다. 『일리아스』 제1권은 10년의 전쟁 기간 중 아킬레우스가 분노를 느끼게 되는 9년의 어떤 사건으로부터 이야기가 시작된다. 그리고 『오뒤세이아』 제1권은 10년의 모험을 마치고 오뒤세우스가 아들인 텔레마코스와 상봉하는 것으로부터 이야기가 시작된다. 이런 점에서 보자면 『일리아스』와 『오뒤세이아』 모두 호메로스라는 동일 인물의 작품으로 이해하는 것이 바람직하다고 여겨진다.

『일리아스』와 『오뒤세이아』 모두를 호메로스의 작품으로 인정한다면 보다 의미 있는 해석을 하나 할 수 있다. 이미 「인간의 영웅」을 통해 그리스 신화에 등장하는 영웅은 신체적인 강인함과 정신적인 탁월함을 겸비해야 한다고 다루었다. 그런데 『일리아스』의 주인공은 강인하고 용맹스러운 아킬레우스이며 『오뒤세이아』의 주인공은 지적인 탁월함이 돋보이는 오뒤세우스이다. 두 작품 모두를 호메로스의 것이라고 인정한다면 호메로스는 두 작품을 통해 가장 완전한 영웅의 모습을 그리려고 했다고 할 수 있다. 다시 말해 독자들로 하여금 아킬레우스와 오뒤세우스가 결합된, 신체적인 강인함과 정신적인 탁월함을 모두

갖춘 완전한 영웅의 모습을 그리도록 한 것은 아닐까.

호메로스의 『일리아스』와 『오뒤세이아』에서 이야기되는 트로이아 전쟁은 19세기 중반까지만 하더라도 말 그대로 신화로만 생각되었다. 그것은 아틀란티스와 마찬가지로 그리스 신화에 있는 한 편의 거대한 옛날 이야기이며 허구라고만 여겨졌다. 그러나 1868년에 독일 출신의 사업가였던 하인리히 슐리만Heinrich Schliemann이 어마어마한 돈을 터기 정부에 지불하고 트로이 일대에 대한 독점적인 발굴권을 얻게 된다. 그는 어린 시절 아버지로부터 받은 『텔레마코스의 모험』이라는 책을 읽고 그리스 신화에 매료되었고 이후 트로이아 전쟁에 관심을 갖게 되었다고 한다. 그래서 그는 자신이 커서 반드시 트로이아 유적을 발굴하고 싶다는 꿈을 키웠다. 그리고 실제로 40대의 나이에 어린 시절의 꿈을 실천으로 옮기게 된다.

하인리히 슐리만은 『일리아스』를 기초로 발굴을 시작했으며 그렇게 해서 비로소 트로이아 전쟁은 실제로 있었던 역사적인 사건이었음이 밝혀지게 된다. 한 사람의 어린 시절 가슴에 품었던 꿈이 실행에 옮겨지지 않았더라면 아직까지 트로이아 전쟁은 역사 속에 묻힌 옛날 이야기로만 전해졌을지도 모를 일이다. 결국 호메로스의 『일리아스』는 기원전 13세기나 12세기에 실제로 있었던 트로이아 전쟁에 대한 이야기를 기원전 8세기경에 자신의 작가적인 상상력을 동원하여 새롭게 재구성하여 쓴 영웅 서사시라고 할 수 있다.

트로이아 전쟁이 일어났던 기원전 13세기나 12세기는 그리스 문화가 청동기에서 철기로 이행하는 초기단계였다. 트로이아 전쟁을 소재로 하고 있는 이야기들을 보면 당시 세 발 달린 가마솥이 주요한 전리품들 중 하나였던 것을 알 수 있다. 그것은 바로 당시 철에 대한 욕구가 강렬했음을 보여주는 예이다. 그리고 가마솥 바닥에 발을 달았다는 것은 당시의 삶의 형태가 이동에 기초한 유목생활이었음을 알게 해 준다.

## 2. 트로이아 전쟁의 발단

트로이아 전쟁의 발단은 테티스Thetis 여신의 혼인잔치로 거슬러 올라간다. 바다의 여신이었던 테티스는 테살리아 지방의 프티아의 왕이었던 펠레우스Peleus와 혼인한다. 「인간의 탄생」을 통해 불멸의 신이 죽을 수밖에 없는 인간과 혼인하는 것은 신에게는 일종의 형벌적인 의미가 있음을 보았다. 그렇다면 테티스 여신은 어떤 죄를 지었기에 펠레우스와 혼인하게 되는가? 테티스 여신은 형벌을 받을 죄를 짓지 않았다. 그녀에게는 테미스 여신으로부터 받은 예언이 있었다. 그 예언은 '테티스에게서 태어나는 아들은 자기 아버지보다 더 강력해지리라' 는 것이었다. 이러한 예언을 받은 테티스 여신이 신과 혼인하게 된

아름답고 튼튼한 트로이아 성

펠레우스 왕과 테티스 여신의 혼인 잔치

다면 그 사이에서 태어나는 아들은 기존의 신을 넘어서는 존재가 될 것이다. 그래서 제우스는 그녀를 인간과 혼인시키기로 한다. 하지만 제우스는 테티스 여신에 대한 미안함과 안타까움 때문에 그녀의 혼인 잔치를 성대하게 열어주었다.

이 혼인잔치 말미에 초대받지 못했던 불화의 여신 에리스Eris가 나타나 황금 사과 하나를 놓고 그 자리를 떠난다. 그리스 신화에서 황금 사과는 징표의 역할을 하는 것이다. 그런데 에리스가 던져 놓은 황금 사과에는 '가장 아름다운 여신께' 라는 글귀가 새겨져 있었다. 이 황금 사과가 공교롭게도 헤라와 아테나와 아프로디테 사이에 떨어지게 된다. 세 여신이 서로 그 황금 사과의 주인이 자신이라고 주장하며 다투지만 그 자리에 있던 어떤 신도 그 분쟁에 끼어들어 누가 가장 아름다운지를 판정하는 책임을 맡으려고 하지 않았다. 그래서 제우스는 헤르

파리스

메스에게 세 여신을 이데 산 위로 데려가 그곳에서 양을 치고 있던 파리스의 심판을 받게 했다.

파리스Paris는 트로이아를 다스리던 프리아모스Priamos 왕과 헤카베Hekabe의 아들이었다. 파리스는 '장성하여 트로이아의 멸망을 가져오리라'는 운명을 타고 났다. 그래서 파리스가 태어나자 주위에서는 그 아이를 즉시 죽일 것을 권한다. 하지만 헤카베는 그 아이를 죽이는 대신 이데 산에 버리게 했다. 파리스는 이데 산의 목동들에게 발견되어 키워졌다. 이제 파리스가 장성하여 한가롭게 양을 돌보고 있던 어느 날 세 여신의 아름다움에 대한 심판을 맡게 된 것이다. 파리스는 겁에 질려 달아나려고 했지만 헤르메스가 특유의 달변으로 그를 달래고 설득하여 제우스의 이름으로 심판 역할을 맡게 했다. 하지만 신들도 내리지 못한 판단을 인간의 눈으로 할 수는 없는 일이었다.

그러자 세 여신은 파리스에게 만일 자신에게 유리한 판정을 내려준다면 그를 보호하고 특별한 선물을 주겠노라고 약속했다. 헤라 여신은 동방 전체에 대한 지배권을 주겠노라고 약속했고 아테나 여신은 모든 싸움에서의 승리와 지혜를 약속했다. 그리고 아프로디테 여신은 세상에서 가장 아름다운 여인의 사랑을 얻어 주겠다고 약속했다. 다음 그림에 등장하는 세 여신들 중에서 가장 오른쪽에 있는 여신이 헤라이다. 그것은 그녀의 신조인 공작을 통해서 알 수 있다. 가장 왼쪽에 있는 여신은 메두사의 머리가 달린 방패를 가진 것으로 보아 아테나 여

파리스의 심판

신임을 알 수 있다. 가운데 있는 여신은 아들 에로스와 함께 있는 아프로디테이다. 그리고 나무 아래에서 한 손에 황금 사과를 들고 목동의 지팡이를 낀 채로 앉아 있는 자가 파리스이고 나무 뒤에서 이 광경을 모두 지켜보는 신은 헤르메스이다.

파리스는 아프로디테가 가장 아름답다는 판정을 내린다. 여기에서 황금 사과의 주인을 가리는 역할을 맡은 파리스의 심리상태를 확인할 수 있다. 그는 트로이아의 왕자로 태어났다. 당시 트로이아는 지중해의 해상 무역권을 장악하고 있을 만큼 대단히 부유했으며 강성했다. 그런데 자신의 뜻과 아무런 관계없이 내려진 운명 때문에 태어나자마자 이데 산에 버려져 양치기로서의 삶을 살아가고 있는 것이다. 파리스는 한 나라의 권력과 재산을 지키기 위해 그렇게 버려졌던 것이다. 그런 그에게 헤라 여신과 아테나 여신이 제안한 선물은 무의미했을지도 모른다. 어린 시절부터 한 번도 어머니의 사랑을 받지 못한 상태로 자란 파리스는 여인의 사랑에 대한 욕구가 가장 강력했을 것이다. 이러한 파리스의 심리상태를 이해한다면 그가 그런 판단을 한 이유도 한편 이해될 수 있을 것이다.

파리스로부터 황금 사과의 주인으로 판단된 다시 말해 가장 아름다운 여신이라는 징표를 갖게 된 아프로디테 여신은 파리스에게 가장 아름다운 여인의 사랑을 얻도록 해주어야 한다. 당시 가장 아름다운 여인은 제우스와 레다 사이에서 태어난 헬레네Helene였다. 하지만 헬레네는 이미 스파르타의 왕이었던 메넬라오스Menelous의 아내였다. 여신이 파리스에게 한 약속은 가장 아름다운 여인의 사랑이었을 뿐 다른 조건은 없었다.

파리스는 아프로디테의 보호 아래 스파르타로 가게 된다. 스파르타에 도착한 파리스는 메넬라오스에게 자신을 트로이아의 왕자라고 소개한다. 메넬라오스는 파리스를 극진하게 대접한다. 얼마 후 메넬라오스가 카트레우스의 장례를 위해 크레테 섬에 가면서 자신이 없는 동안 이 손님을 잘 접대하고 그가 원하는 대로 얼마든지 오래 머물 수 있도록 하라고 헬레네에게 부탁한다. 메넬라오스가 궁을 떠나자 파리스는 곧 선물 공세를 퍼부어 헬레네의 사랑을 얻으려고 노력한다. 파리스는 동방적인 호사스러움과 준수한 용모 그리고 수호신인 아프로

메넬라오스와 헬레네

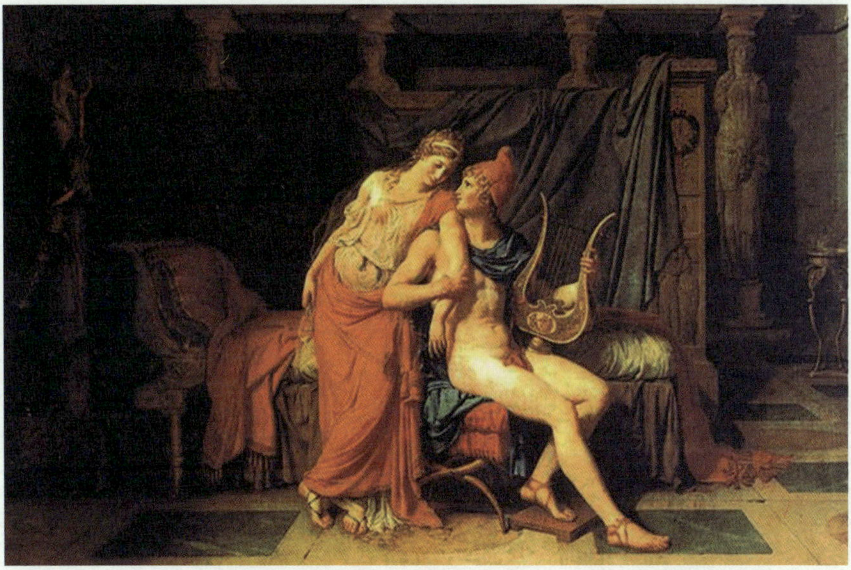

헬레네를 유혹하는 파리스

디테의 도움으로 그녀의 사랑을 얻는데 성공한다. 파리스와 사랑에 빠진 헬레네는 가능한 한 모든 재물들을 끌어 모아 아홉 살 된 딸 헤르미오네까지 남겨둔 채 파리스와 함께 트로이아로 떠난다.

스파르타로 돌아온 메넬라오스는 자신의 아내인 헬레네가 파리스에게 납치되었다고 생각했다. 헬레네를 구해오기 위해서는 당장이라도 트로이아를 공격해야겠지만 그럴 수가 없었다. 왜냐하면 당시 트로이아는 지중해의 해상 무역권을 장악하고 있던 강력한 곳으로 스파르타는 트로이아의 적수가 되지 못했기 때문이다. 그때 메넬라오스는 구혼자 시절의 맹세를 떠올린다.

가장 아름다운 여인인 헬레네에게는 결혼 전 수많은 구혼자들이 있었다. 어느 날 오뒤세우스는 모든 구혼자를 상대로 맹세를 제안한다. 그것은 누가 헬레네와 결혼하든 헬레네가 위험에 빠진다면 자신들의 목숨이 붙어있는 한 목숨을 바쳐서라도 그녀를 모든 위험으로부터 함께 보호하자는 것이었다. 이것은 서구사회에서 기사도 정신이라는 이름으로 전해지게 된다. 메넬라오스는 바로 이 맹세를 기억하여 이전의 구혼자들에게 헬레네를 구해 오기 위해 도움을 요청했고 그렇게 해서 트로이아를 공격하기 위한 그리스 연합군이 결성되게 된다. 그리고 메넬라오스의 형이자 미케네의 왕이었던 아가멤논Agamemnon이 총사령관이 된다.

결국 트로이아 전쟁은 헬레네를 다시 찾아오기 위해 그리스 연합군과 트로이아가 벌였던 전쟁이다. 하지만 지금까지도 트로이 일대에 대한 발굴을 진행하고 있는 마이클 우두Michel Wood와 같은 고고학자들은 트로이아 전쟁이 당시 트로이아가 장악하고 있었던 지중해의 해상무역권을 그리스 본토가 다시 되찾아오기 위해서 일으켰던 전쟁이라고 이야기한다. 그렇다면 호메로스가 이야기하는 가장 아름답고 귀한 여인 헬레네는 지중해의 해상 무역권을 상징적으로 표현한 것이라고 할 수 있다. 호메로스는 사오백년 전에 실제로 일어났던 사건을 신화적인 상상력과 상징들을 통해 새롭게 기록했다고 할 수 있다.

## 3. 트로이아로의 출정

그리스 연합군은 트로이아를 공격하기 위해 아울리스에서 2년의 준비기간을 거친다. 그동안 뛰어난 영웅들이 모두 모이게 되고 지중해를 건너갈 배를 만들었으며 병사들을 훈련시켰다. 그러자 트로이아에서도 그리스 연합군에 대항할 준비를 하게 되는데 트로이아군의 총사령관은 프리아모스 왕의 장남이자 파리스의 형인 헥토르Hector가 맡게 된다. 각 진영에 속한 주요한 영웅들의 면모는 다음과 같다.

| 그리스 연합군 | 트로이아군 |
| --- | --- |
| 아가멤논 | 프리아모스 |
| 아킬레우스 | 헥토르 |
| 오뒤세우스 | 파리스 |
| 메넬라오스 | 아이네이아스 |
| 아이아스 | 데이포보스 |
| 디오메데스 | 글라우코스 |
| 네스토르 | 사르페돈 |

이 중 오뒤세우스는 그리스 연합군에 뒤늦게 합세한다. 헬레네의 선택을 받지 못한 그는 고향인 이타케로 돌아가 이카리오스의 딸이었던 페넬로페Penelope를 아내로 맞이한다. 그리고 오뒤세우스는 페넬로페와의 사이에서 아들인 텔레마코스Telemachos를 낳는다. 오뒤세우스가 전령을 통해 헬레네의 납치 소식을 들은 것은 텔레마코스가 태어나고 얼마되지 않았을 때였다. 그는 이번 전쟁에 참전하면 오랫동안 고향으로 돌아오지 못할 것이라는 사실을 알고 사랑하는 아내와 어린 자식을 남겨둔 채 이타케를 떠날 생각을 쉽게 하지 못한다. 그래서 그는 원정에 참가하지 않기 위해 미친 시늉까지 하기도 했지만 곧 탄로가 나게 되고 어쩔 수 없이 연합군에 가세하게 된다. 그의 이름이 로마에서 울뤽세스Ulyxes라고 불리는 것은 방언이 차용된 결과이다.

호메로스의 이야기에 따르면 그리스 연합군과 트로이아군은 신들의 보호를 받았다. 각 진영을 수호하는 신들은 다음과 같다.

| 그리스 연합군 | 중립 | 트로이아군 |
| --- | --- | --- |
| 헤라<br>아테나<br>포세이돈 | 제우스<br>헤르메스 | 아프로디테<br>아레스<br>아폴론 |

헤라 여신과 아테나 여신은 파리스로부터의 선택을 받지 못한 분노를 가지고 있었기 때문에 그리스 연합군의 승리를 통해 자신들의 복수가 이루어지기를 기대했다. 포세이돈은 아테나이를 놓고 마지막까지 아테나 여신과 경합을 벌일 만큼 그리스 본토에 대한 애정이 강했던 신이다.

제우스는 이 전쟁에서 어느 한쪽 진영을 일방적으로 편들지 않는다. 만일 제우스가 그리스 연합군이나 트로이아군 중 어느 진영을 선택했다면 이 전쟁은 쉽게 그리고 빨리 끝났을 것이다. 제우스의 전령신인 헤르메스는 제우스를 따라 같은 입장을 취한다.

파리스로부터 황금 사과의 주인으로 선택된 아프로디테는 당연히 파리스의 고향인 트로이아를 수호하게 된다. 그리고 아프로디테와 가장 오랫동안 정열적인 사랑을 나누었던 아레스 역시 트로이아군을 지켜주는 수호신이 된다. 아폴론은 본래 중립적인 신이었다. 그러나 그리스 연합군이 트로이아에 상륙하기도 전에 그의 아들인 테네스Tenes가 아킬레우스에게 죽임을 당하자 그는 아킬레우스에게 복수하기 위해 트로이아군을 편들게 된다.

출정 준비를 마친 그리스 연합군은 대규모의 선단을 이끌고 아울리스를 빠져 나와 트로이아로 향한다. 하지만 그리스 연합군의 선단이 아울리스 협곡을 빠져나오자마자 갑자기 서풍이 멎어 배가 꼼짝할 수 없게 되었다. 그리스 연합군에 함께 한 예언자 칼카스Kalchas에게 그 연유를 묻자 칼카스는 아르테미스 여신이 분노하여 바람을 보내지 않은 것이라고 대답한다.

그리스 연합군은 모든 출정 준비를 마치고 아울리스를 떠나기 전에 대규모 사냥대회를 열었다. 그 대회에서 총사령관인 아가멤논이 가장 큰 사슴을 한 마리를 잡고서는 '아르테미스 여신도 이런 사슴은 잡지 못했을 것' 이라고 자만한 사건이 있었다. 바로 그 사건이 아르테메스 여신을 노하게 만들었던 것이다. 칼카스가 전해주는 유일한 방책은 아가멤논의 장녀인 이피게네이아Iphigeneia가 태어난 해의 수확물 중 가장 아름다운 것을 아르테미스 여신에게 바치는 것이라고 한다.

아가멤논은 어쩔 수 없이 아니면 자신의 야망 때문에 딸을 희생 제물로 바치기로 결정한다. 그리고선 고향으로 전령을 보내 이피게네이아를 아킬레우스와 약혼시키겠다고 아내인 클뤼타임네스트라Klytaimnestra를 속여서 딸을 아울리스로 불러온다. 아가멤논이 아르테미스 여신의 분노를 가라앉히기 위해 딸을 희생 제물로 바치려고 하는 마지막 순간에 여신은 이피게네이아를 불쌍히 여겨 그녀 대신 암사슴을 바치게 한다. 그리고 그녀를 타우리스로 데려가서 자신의 여사제로 만들었다. 이로 인해 아가멤논은 여신의 분노로부터는 자유로워졌지만 아내인 클뤼타임네스트라의 원한을 사게 된다.

서풍의 신인 제퓌로스가 다시 순풍을 보내주어 그리스 연합군은 텔레포스의 안내로 먼저 테네도스 섬에 상륙하게 된다. 그러나 그리스 연합군이 테네도스 섬에 상륙하려고 했지만 그곳을 다스리던 테네스Tenes가 그들의 상륙을 허락하지 않는다. 테네스는 그리스 연합군의 상륙을 막으려고 저항하다가 아킬레우스의 창에 찔려 목숨을 잃게 되는데 그가 바로 아폴론의 아들이었다. 아폴론이 트로이아군을 돕게 되는 것도 이 사건 때문이다.

## 4. 아킬레우스와 그의 분노

아킬레우스는 테살리아의 프티아의 왕이었던 펠레우스와 테티스 여신의 아들이다. 그는 부계로는 제우스의 후손이며 모계로는 오케아노스의 후손이기도 하다.

신화에 따르면 아킬레우스는 펠레우스와 테티스 여신 사이에서 태어난 일곱 번째 아들이었다고 한다. 그런데 테티스 여신은 자식들이 남편인 펠레우스로부터 물려받은 죽을 수밖에 없는 운명의 요소들을 없애기 위해 아이들이 태어나자마자 아이들을 불 속에 넣었고 그래서 아이들을 번번이 죽이고 말았다고 한다. 펠레우스는 마지막 아이에게만은 주의를 게을리 하지 않아서 테티스가 또다시 아이를 불 속에 넣으려고 할 때 그 아이를 빼앗았다. 그래서 그 아이는 입술과 오른쪽 발목뼈에만 화상을 입게 된다. 아이를 구한 펠레우스는 의술에 능한 켄타우로스인 케이론에게 아이의 불탄 뼈를 새 것으로 갈아 달라고 부탁했다. 케이론은 생전에 달리기에 능했던 거인 다미소스의 시체를 파내어 아킬레우스의 뼈가 타 없어진 자리에 거인의 뼈를 박아 넣었다. 아킬레우스가 빨리 달리기로 이름이 났던 것은 그 때문이라고 한다.

하지만 호메로스는 아킬레우스를 펠레우스와 테티스 여신 사이에서 태어나는 유일한 아들이라고 한다. 그는 태어날 때 이미 어머니인 테티스 여신에게 내려졌던 예언에 따라 기존의 모든 인간을 넘어서는 강

아킬레우스

력한 모습으로 태어난다. 그가 빨리 달릴 수 있었던 것도 바로 그 때문이다.

하지만 테티스 여신은 자신에게서 태어난 자식이 죽을 수밖에 없는 운명이라는 사실에 너무나 마음이 아파 아들이 맞게 될 운명의 시간을 조금이라도 늦추고 죽음의 고통을 조금이라도 덜어주기 위해 아킬레우스가 태어나자마자 그를 스튁스 강에 담근다. 이미 보았듯이 스튁스 강물에는 그곳에 몸을 적신 존재에게 불사의 능력을 주는 힘이 있었다. 그런데 테티스가 아킬레우스를 스튁스 강에 담글 때 갓난아이가 강물에 빠지거나 휩쓸리지 않을까 하는 두려움에서 그의 발뒤꿈치를 꼭 잡고서 강물 속에 집어넣었다. 그렇게 해서 신비의 물에 젖지 않은 그 부분만 약점으로 남게 되는데 그 부분이 아킬레스건이라고 불리는 곳이다. 결국 아킬레스는 그곳에 아폴론의 화살을 맞고 죽게 된다.

아킬레우스는 어린 시절 켄타우로스인 케이론으로부터 교육을 받는다. 아킬레우스라는 이름을 붙여준 것도 케이론이었다고 한다. 아킬레우스는 사냥과 말 다루는 법 그리고 의술을 익히기 시작했고 노래와 뤼라 연주도 배웠다. 케이론은 아킬레우스에게 세속적인 부에 대한 경

아킬레우스와
그의 스승인
켄타우로스
케이론

멸, 거짓에 대한 혐오, 절제, 정념과 고통을 이겨내는 방법 등 고대의 미덕들을 가르쳤다.

지금까지 전해지는 많은 이야기들 속에서 아킬레우스는 대개 정념에 사로잡힌 영웅 혹은 피 냄새를 즐기는 전쟁광으로 묘사된다. 그에 비해서 오뒤세우스는 지략이 뛰어나고 지혜를 사랑했던 영웅으로 비교된다. 하지만 이런 구별은 스토아 철학자들의 시대에 주로 있었던 것이다. 아킬레우스가 어린 시절 케이론으로부터 받은 교육의 내용을 본다면 그리고 트로이아 전쟁에서 보이는 그의 모습들을 본다면 그러한 평가는 지나치게 일방적이며 왜곡된 것임을 알게 될 것이다.

『일리아스』에서 보면 아킬레우스가 트로이아 원정에 참가하기로 결정한 것은 네스토르Nestor, 오뒤세우스 그리고 그의 절친한 친구인 파트로클로스Patroclos가 테살리아로 직접 그를 찾아가서 참전을 요청한 결과이다. 예언자 칼카스가 오뒤세우스에게 아킬레우스가 참전하지 않는다면 트로이아를 정복할 수 없다고 얘기했던 것이다. 그들이 아킬레우스에게 찾아왔을 때 테티스 여신은 아들이 맞게 될 운명을 경고했다. '만일 그가 트로이아에 가면 엄청난 명예를 얻게 되지만 단명할 것이고 반대로 트로이아에 가지 않는다면 오래 살기는 하겠지만 아무런 명예도 얻지 못하리라는 것' 이었다. 아킬레우스는 주저 없이 짧지만 명예로운 삶을 택했다. 그는 미르미돈 군이 탄 50척의 선단을 지휘했고 친구인 파트로클로스 및 포이닉스Phoenix와 동행했다.

아킬레우스가 그리스 연합군의 집결지였던 아울리스로 떠날 때 테티스 여신은 아들에게 갑옷과 말을 주었다. 그 갑옷은 펠레우스와 혼인할 때 헤파이스토스가 결혼선물로 준 것이며 말은 포세이돈이 준 것이었다. 그러면서 아들의 운명을 바꾸어 놓기 위해 노예 한 명을 딸려 보냈는데 이 노예의 유일한 임무는 아킬레우스가 아폴론의 아들을 죽이지 못하도록 막는 것이었다. 왜냐하면 '아킬레우스가 아폴론의 아들 중 누구인가를 죽이면 그 자신도 반드시 죽임을 당하리라' 는 신탁이 내려져 있었기 때문이었다. 하지만 그런 어머니의 노력과 바램도 아들의 운명을 바꾸어놓지 못했다.

호메로스의 『일리아스』는 9년 간 전쟁이 계속되던 중 그리스 연합군의 총사령관인 아가멤논과 아킬레우스 사이에 불화가 발생하는 사건부터 돌연 시작된다. 『일리아스』에는 수많은 인물들이 등장하며 그들과 관련된 수많은 이야기들이 소개되고 있다. 하지만 호메로스는 『일리아스』 제1권 1행을 통해 자신의 작품의 주인공이 누구인지와 그

방대한 서사시의 주제가 무엇인지를 분명하게 보이고 있다.

『일리아스』의 첫 구절은 "노래하소서, 여신이여! 펠레우스의 아들 아킬레우스의 분노를"이라고 되어있다. "노래하소서, 여신이여!"에서 여신은 바로 무사이 여신들이다. 호메로스는 자신이 앞으로 쓰게 될 방대한 영웅 서사시가 자신의 뛰어난 재능과 소질로 완성된다고 생각한 것이 아니다. 그는 자신에게 그와 같은 재능과 소질을 허락한 여신들을 부름으로써 자신의 창작 행위에 무사이 여신들의 보호가 함께 하기를 간청하는 것이다. 따라서 그것은 일종의 기도문과 같은 성격을 지니고 있다고 할 수 있다. 바로 이어지는 다음 구절에서 호메로스는 『일리아스』의 주인공이 바로 펠레우스의 아들 아킬레우스임과 『일리아스』를 이끌어가게 될 주제가 아킬레우스의 분노임을 분명하게 보여준다.

전쟁이 계속되던 중 그리스 연합군 진영에 역병이 돌기 시작한다. 그러자 지휘관 회의가 긴급하게 소집되었고 그곳에 참석했던 예언자 칼카스에 의해 이 재앙이 아폴론의 노여움 때문이라고 이야기된다.

9년의 전쟁을 거치면서 그리스 연합군은 트로이아 성을 제외한 인근의 모든 지역들을 점령하게 된다. 그 과정에서 총사령관인 아가멤논은 테베 정복의 전리품 격으로 크뤼세이스Chryseis라는 여인을 취했다. 그녀는 아폴론의 제사장이었던 크뤼세스Chryses의 딸이었다. 크뤼세스는 자신의 딸을 되찾기 위해 수레에 어마어마한 몸값을 싣고 아가멤논을 찾아와 몸값을 받고 대신 자신의 딸을 돌려달라고 애원한다. 그러나 아가멤논은 몸값만을 빼앗은 채 크뤼세스를 위협하여 내쫓는다. 크뤼세스는 자신을 대신하여 아가멤논에게 복수해 줄 것을 아폴론에게 눈물로 간청하고 아폴론이 자신의 신관의 부탁을 들어주어 그리스 연합군 진영으로 역병을 보냈던 것이다.

그러나 누구도 총사령관인 아가멤논에게 직언을 하지 못하고 있을 때 아킬레우스가 나선다. 그는 아가멤논에게 크뤼세이스와 함께 빼앗은 몸값의 배를 그녀의 아버지에게 돌려주어 아폴론의 노여움을 풀게 하라고 당당하게 이야기한다. 그러자 아가멤논은 그렇게 하는 대신 자신은 아킬레우스의 여인인 브리세이스Briseis를 취하겠다고 한다. 이에 아킬레우스는 자신의 막사로 돌아가 브리세이스에 대한 자신의 권리에 이의를 제기하는 사람이 있는 한 자신은 더 이상 트로이아 공격에 참가하지 않겠다고 선언한다.

아킬레우스로부터 브리세이스를 데려가는 아가멤논

아킬레우스가 이와 같은 선언을 하는 것은 자신의 명예가 손상당해서 생긴 분노 때문이다. 아킬레우스는 테티스 여신의 경고에도 불구하고 스스로 트로이아 원정을 선택했다. 그는 이번 원정에서 고향으로 돌아갈 수 없다는 사실을 알면서도 짧지만 명예로운 삶을 선택했던 것이다. 아킬레우스가 트로이아 공격에 참가하는 유일한 이유는 명예뿐이었다. 그런데 아가멤논이 브리세이스를 데려가면 그의 명예는 손상당하게 된다. 브리세이스는 아킬레우스에게 허락된 전리품 격이었다. 그런데 전리품을 빼앗는다는 것은 그에 상응하는 명예를 인정하지 않겠다는 의미이기 때문이다.

그런데 여기에서 미리 생각해 두어야 할 것이 있다. 바닷가에 나가 밀려오는 파도를 볼 때 커보였던 파도도 다음에 따라오는 더 큰 파도가 있다면 그 속에 묻혀버리고 마는 경우가 있다. 마찬가지로 아킬레우스도 자신의 명예가 손상당해서 생긴 분노보다 더 큰 분노를 경험하게 된다면 지금의 분노는 묻을 수 있을 것이다. 그렇게 된다면 지금의 분노 때문에 했던 더 이상 트로이아 공격에 참가하지 않겠다는 선언도 거두어 들일 수 있을 것이다.

아가멤논이 보낸 전령들이 와서 브리세이스를 데려가자 그는 끓어오르는 분노를 품은 채 바닷가로 나가 테티스 여신에게 도움을 청했다. 그러자 테티스는 아킬레우스의 존재가 필요 불가결하고 얼마나 귀중하다는 사실을 아가멤논과 그리스 연합군이 깨닫도록 트로이아군이 그리스 선단을 공격하도록 내버려두라고 아들에게 충고해 주었다. 테티스 여신은 자신의 아들인 아킬레우스만이 트로이아군에게 공포감을 불러일으켜 그리스 연합군을 제대로 공격할 수 없게 하는 존재임을 잘 알고 있었기 때문이었다. 그러고 나서 테티스 여신은 올림

제우스에게 간청하는 테티스 여신

헤라와 아테나에게 제우스의 명령을 전하는 이리스

포스 신궁으로 곧장 올라가 제우스에게 아킬레우스가 참전하지 않는 동안 트로이아군이 승리하도록 해달라고 간청했다. 테티스 여신의 혼인과 관련해서 그녀에게 미안한 마음을 가지고 있던 제우스는 그녀의 부탁을 들어준다.

그래서 트로이아군은 그리스 연합군을 일방적으로 밀어붙여 그들이 타고 온 함선까지 불태울 수 있었다. 만약 이 사태가 계속된다면 그리스 연합군은 전멸할 수밖에 없는 상황이 될 것이다. 이것은 헤라 여신과 아테나 여신에게는 또 한 번의 치욕이 될 수 있다. 두 여신은 지금 파리스에 대한 노여움을 그리스 연합군의 승리를 통해 복수하려고 하는 것이다. 그래서 헤라 여신과 아테나 여신은 인간의 모습으로 변신하여 그리스 연합군을 돕게 된다. 하지만 두 여신의 개입은 자칫 이 전쟁을 신들의 전쟁으로 비화시킬 수도 있었다. 이제 제우스는 무지개의 여신이자 심부름의 여신인 이리스를 보내 어떤 신도 인간의 전쟁에 직접 개입해서는 안 된다는 명령을 내린다.

파트로클로스와 아킬레우스

두 여신이 물러나자 계속된 전투에서 그리스 연합군은 연패하게 된다. 그제서야 아가멤논은 아킬레우스의 소중함과 위대함을 깨닫고 그의 마음을 누그러뜨리기 위해 브리세이스와 엄청난 몸값 그리고 트로이아 여인들 중에서 가장 예쁜 일곱 명의 여인을 주고 자신의 딸을 결혼 상대자로 주겠다고 했지만 아킬레우스는 끄떡도 하지 않았다.

보다 못한 파트로클로스가 아킬레우스에게 그리스 병사들을 위험에서 구할 수 있도록 그의 갑옷을 빌려달라고 간청한다. 파트로클로스는 아킬레우스의 가장 절친했던 친구이다. 9년의 전쟁을 통해 아킬레우스는 트로이아 병사들에게 두려움의 대상으로 각인되어 있었다. 그들은 멀리서 번쩍이는 아킬레우스의 갑옷만 보아도 전의를 상실한 채 성안으로 들어가 나오려고 하지 않았다. 이러한 사실을 잘 알고 있었던 파트로클로스는 위기에 빠진 그리스 진영을 구하기 위해 그의 갑옷만이라도 자신에게 빌려달라고 간청하는 것이다. 친구의 계속되는 간곡한 부탁을 거절할 수 없게 된 아킬레우스는 결국 자신의 갑옷을 파트로클로스에게 내어준다.

파트로클로스는 트로이아군이 자신을 아킬레우스로 착각한 사이에 승리를 거두어 잠시 동안이나마 전세를 역전시킨다. 그러나 그는 결국 트로이아군의 총사령관인 헥토르Hector의 손에 죽고 말았다. 헥토르는 시신에서 투구와 갑옷을 벗겨낸다. 헥토르도 그제야 그가 아킬레우스가 아님을 알게 된다. 헥토르는 파트로클로스로부터 벗겨낸 갑옷을 자신이 입고 승리의 상징으로 삼았다.

자기 배의 갑판 위에서 이 광경을 바라보던 아킬레우스는 형용할 수 없는 슬픔에 사로잡혀 울부짖었다. 그 소리에 달려온 테티스는 헥토르가 파트로클로스의 몸에서 벗겨 간 갑옷 대신 새 갑옷을 주겠다고 약속했지만 아킬레우스는 무장도 없이 전장에 나아간다. 트로이아 군은 파트로클로스의 시신을 성안으로 옮기려고 했지만 아킬레우스의 분노에 찬 고함소리에 놀라 달아나 버렸다. 아킬레우스는 파트로클로스의 시신을 자신의 함선으로 가져가서 그 앞에 무릎을 꿇고 반드시 복수하겠다고 맹세한다.

전쟁에 관여하지 않겠다고 선언했던 아킬레우스는 파트로클로스의 시신을 찾기 위해 전장에 뛰어들었고 친구의 시신 앞에서 복수를 맹세했다. 이것은 자신의 선언을 폐기한 것으로 명예가 손상당해서 생긴 분노보다 더 큰 분노가 그에게 찾아왔음을 의미한다. 아킬레우스가 겪게 되는 더 큰 분노는 친구의 죽음에서 생긴 것이다. 파트로클로스의 죽음은 친구의 죽음임과 동시에 어찌 보면 자신 때문에 당한 죽음이었다. 자신이 계속해서 전쟁에 참전했더라면 그리고 자신이 갑옷을 내어주지 않았더라면 친구는 죽지 않았을 것이다.

그 사이 테티스 여신은 헤파이스토스를 찾아가 자신의 아들 아킬레우스의 갑옷을 만들어 달라고 부탁한다. 불멸의 신인 헤파이스토스는 그때까지 죽을 수밖에 없는 한 명의 인간을 위해 갑옷을 만들어본 적이 없었다. 하지만 헤파이스토스는 테티스 여신의 부탁을 받고 아킬레우스가 입게 될 새로운 갑옷을 만들어준다.

헤파이스토스로부터 아킬레우스의 새로운 갑옷을 건네 받는 테티스 여신

앞에서 헤파이스토스를 다룰 때 그가 한쪽 얼굴이 일그러지고 한쪽 다리를 절었다는 것과 관련된 두 가지 전승을 살펴보았다. 하나는 호메로스가 전하는 것이었고 다른 하나는 플라톤을 통해 전해지는 것이었다. 호메로스는 헤파이스토스가 온전한 모습으로 탄생했지만 제우스에게 걷어차여 렘노스 섬에 떨어져서 그렇게 되었다고 했고 플라톤은 태어날 때부터 온전치 못한 모습이어서 헤라 여신이 바다에 버렸지만 테티스 여신이 그를 구해주고 돌보았다고 했다. 그러면서 둘 중 어느 것이 올바른지에 대해서는 이야기하지 않은 채로 남겨두었다. 이제 이 부분을 통해 그 해답을 발견할 수 있다. 헤파이스토스가 한 번도 하지 않았던 일을 테티스 여신의 부탁을 받고 하게 되는 것은 지난날의 은혜를 갚기 위한 것이다. 그렇다면 헤파이스토스와 관련된 전승 중에서 플라톤이 전하는 이야기를 따르는 것이 정당할 것이다. 그리스 신화에서는 이처럼 하나의 내용과 관련된 여러 가지 전승들이 전해오는 경우가 있는데 이때 다른 신화와 맥락을 같이 하는 다시 말해 전체 신화를 깨뜨리지 않는 전승을 받아들이는 것이 바람직하다.

테티스 여신으로부터 새로운 갑옷을 받은 아킬레우스는 다음 날 아침 아가멤논에게 화해하자고 제의하고 자신은 싸울 준비가 되어있다고 알렸다. 아가멤논도 아킬레우스에게 용서를 구하고 그때까지 손대지 않았던 브리세이스를 아킬레우스에게 돌려주었다. 아킬레우스가 무시무시한 고함을 지르면서 전장으로 돌진하자 트로이아군은 달아나기 시작했다. 아폴론의 보호 아래에 있던 아이네이아스Aineias만 아킬레우스와 맞서 싸웠다. 아킬레우스의 창이 아이네이아스의 방패를 뚫자 아이네이아스는 엄청나게 큰 바위를 들어 아킬레우스를 위협했다. 그 순간 포세이돈이 구름으로 두 사람을 둘러 싸 이들의 목숨을 구했다. 헥토르도 여러 번에 걸쳐 아킬레우스를 공격했지만 아무 소용이 없었다.

아킬레우스는 트로이아를 향해 계속 전진해 나갔다. 어둠이 내릴 때까지 아킬레우스의 분노에 찬 공격은 끊이지 않았다. 이제 모든 트로이아군이 성안으로 들어가 누구도 아킬레우스와 대적할 생각을 하지 못하고 있을 때 헥토르만이 스카이아이 성문을 열고 나선다. 헥토르가 아킬레우스를 대적하기 위해 성문 밖으로 나서는 것은 자신의 용기를 시험하기 위해서나 자신의 명성을 높이기 위해서가 아니다. 총사령관인 자신마저 성문 안에 숨게 된다면 누구도 트로이아 성과 백성들의 안전을 지켜줄 수 없기 때문이다. 그래

헥토르의 출전을 가로막는 프리아모스 왕

아킬레우스와 헥토르의 대결 그리고 아테나 여신

서 헥토르는 아버지인 프리아모스 왕과 아내인 안드로마케의 만류도 뒤로 한 채 성문을 열고 아킬레우스와 당당하게 맞선다.

헥토르가 스카이아이 성문을 열고 나서는 순간 제우스는 운명의 저울을 들어 아킬레우스의 운명과 헥토르의 운명을 저울질한다. 아킬레우스는 헥토르를 잡기 위해 성벽을 3바퀴나 돌게 되는데 그때까지 두 영웅의 운명의 저울이 한쪽으로 기울지 않았기 때문이었다. 이 추격은 제우스의 운명의 저울에서 헥토르의 운명을 담은 쟁반이 아래쪽으로 기울면서 끝이 났다. 헥토르의 운명이 아래쪽 다시 말해 지하세계로 기울어졌다는 것은 그의 죽음을 예고하는 것이다. 그리고 제우스가 운명의 저울에 올린 두 영웅의 운명은 곧 그리스 연합군과 트로이아군의 운명이기도 했다.

헥토르의 운명이 지하세계로 기운 것을 본 아테나 여신은 헥토르에게 죽음으로 치닫는 욕망을 불어넣기 위해 그의 동생 데이포보스 Deiphobos의 모습으로 변신하여 나타났다. 헥토르는 동생이 자신을 도우러 왔다고 믿고 달아나던 말고삐를 돌려 아킬레우스와 맞서 싸운다. 그러나 결국 아킬레우스의 창에 찔려 최후를 맞게 된다. 그제야 그는 아테나 여신이 자신에게 헛된 희망을 불어넣었음을 알게 되었다. 헥토르는 죽으면서 아킬레우스에게 그의 죽음도 멀지 않았음을 예언했다.

헥토르는 죽으면서 자신의 시신을 아버지인 프리아모스 왕에게 보내 달라고 부탁했지만 아킬레우스는 이를 거절하고 헥토르에게서 본래 자신의 것이었던 갑옷을 벗겨내고 그의 발뒤꿈치를 뚫어 가죽 끈으로 묶은 후 자신의 전차 뒤에 매달아 끌고 그리스 진영으로 돌아왔다. 그 후 파트로클로스의 장례식이 치러졌다. 날마다 아킬레우스는 자신에게서 친구인 파트로클로스를 빼앗아 간 헥토르의 시신을 끌고 파트로클로스의 무덤 주위를 돌았다. 바로 이러한 장면을 통해서 많은 사람들이 아킬레우스를 정념에 사로잡힌 전쟁광이라고 이야기한다. 물론 아킬레우스의 행위가 도를 지나친 것은 분명하지만 자신의 승리를 보임으로써 트로이아군의 전의를 떨어뜨리고 친구의 주검 앞에 자신의 맹세가 이루어졌음을 알리는 것이라고 생각할 수도 있다.

그렇게 12일이 지나자 제우스는 망자들에 대한 예의를 지키지 않는

헥토르의 시신을 유린하는 아킬레우스

아킬레우스의 행동에 신들이 분노하고 있다는 사실을 그에게 알리라고 테티스에게 명했다. 그날 밤 프리아모스 왕은 아들 헥토르의 시신을 돌려받기 위해 이다이오스라는 마부 하나만을 데리고 스카이아이 성문을 열고 나와 아킬레우스의 함선으로 향했다. 하지만 프리아모스의 왕이 아무런 무장도 하지 않은 채 전선을 지나 상대편 지휘관의 함선까지 가는 것은 불가능했다. 도처에 얼마나 많은 위험들이 있을지 모르는 상황이기 때문이다. 그래서 제우스는 헤르메스를 보내 그 일행을 아킬레우스의 함선까지 안전하게 보호하도록 한다.

이 이야기는 『일리아스』의 마지막 권인 제24권 468~595행에 나오는 내용이다. 많은 학자들이 이 부분을 '프리아모스 왕의 간청'이라는 이름을 붙여 이야기할 만큼 『일리아스』의 백미라고 할 수 있다.

헤르메스가 돌아가자 프리아모스 왕은 마차에서 땅 위로 뛰어내려 많은 몸값을 실은 수레를 붙들고 있도록 이다이오스를 남겨두고 홀로 아킬레우스의 처소로 들어갔다. 아킬레우스는 지금 막 전우들과 함께 저녁식사를 마친 상태였다. 그들은 프리아모스 왕이 들어와도 알아보지 못했다. 프리아모스 왕은 아킬레우스 앞으로 다가가 그 앞에 무릎을 꿇고 그의 손에 입을 맞추었다. 그제야 아킬레우스는 프리아모스 왕을 알아보고 깜짝 놀랐다.

프리아모스 왕은 아킬레우스의 무릎을 부여잡은 채 눈물로 간청한다. 그는 먼저 자신과 마찬가지로 슬픈 노령의 문턱에 서 있는 아킬레우스의 아버지인 펠레우스 왕을 생각하게 했다. 펠레우스 왕 역시 늙고 쇠약하여 인근의 누군가가 그를 괴롭히더라도 맞서 싸울 수 없을 것이다. 하지만 펠레우스 왕은 아들인 아킬레우스가 살아있다는 소식 하나만으로도 삶의 희망을 간직하면서 아들과 다시 만나게 될 날을 손꼽아 기다릴 것이다. 하지만 자신은 이제 아무런 삶의 희망도 없다고

프리아모스 왕의 간청

이야기한다. 이 전쟁에서 수많은 트로이아의 젊은이들과 함께 자신의 아들들도 목숨을 잃었고 끝가지 트로이아 성과 백성들을 지키려고 했던 장남 헥토르마저 얼마 전 아킬레우스의 손에 죽고 말았다. 그래서 자신은 아들의 시신을 돌려받아 장례라도 치러주기 위해서 이렇게 죽음을 무릅쓰고 아킬레우스를 찾아왔다는 것이다. 그리고 지금 지상에 사는 어떤 사람도 차마 하지 못한 일을 하고 있다고 한다. 그것은 바로 자신의 자식들을 죽인 사람에게 손을 내미는 것이다. 그러니 자신은 펠레우스 왕보다 더 동정을 받아 마땅하다고 이야기하면서 몸값을 받고 헥토르의 시신을 돌려줄 것을 호소한다. 그러자 아킬레우스도 자신의 아버지인 펠레우스 왕과 세상을 떠난 친구인 파트로클로스를 위해 통곡한다.

프리아모스 왕이 눈물을 보이면서 아킬레우스에게 손을 내미는 이 장면은 독자로 하여금 카타르시스를 경험하게 해 준다. 호메로스의 『일리아스』에는 생산이나 수확과 관련된 묘사가 없다는 특징이 있다. 그것은 트로이아 전쟁의 참혹성을 묘사하기 위한 호메로스의 의도였

헥토르의 죽음을 애도하는 안드로마케

는지도 모른다. 그래서 『일리아스』를 읽고 있는 독자라면 전쟁의 참상과 그 안에서 생기는 삶의 덧없음과 인간성의 상실 등을 느낄 수밖에 없다. 그런데 '프리아모스 왕의 간청'을 통해 참혹한 전쟁터에서 인간성이 상실되어가던 모습에서 극적으로 인간성이 회복되는 반전을 보여준다. 그렇기 때문에 이 부분이 『일리아스』의 백미라고 이야기되는 것이며 이 부분 때문에 『일리아스』는 『일리아스』다울 수 있는 것이다.

테티스 여신을 통해 제우스의 명령을 전해 들었던 아킬레우스는 프리아모스 왕의 용기와 부정父情에 감복하여 헥토르의 시신을 돌려주기로 한다. 그는 프리아모스를 잠시 기다리게 한 후 부하들을 시켜 헥토르의 시신을 씻기고 기름을 바른 후 깨끗한 옷으로 덮어주라고 했다. 그리고 나서 손수 헥토르의 시신을 침상에 눕혀 수레에 실었다. 아킬레우스는 헥토르의 장례가 치러질 때까지 10일 동안 휴전하기로 약속하고 프리아모스 왕의 일행을 직접 스카이아이 성문 앞까지 데려다준다. 그리고 10일 동안에 헥토르의 장례가 치러지게 된다.

아킬레우스의 분노와 관련된 이야기로 시작된 『일리아스』는 이렇게 헥토르의 장례가 치러지는 이야기로 끝이 난다. 계속되는 이야기들은 『오뒤세이아』와 다른 작품들을 통해 재구성해야 한다.

## 5. 아킬레우스의 최후와 트로이아 성의 함락

헥토르가 없는 트로이아 성은 언제 함락될지 모를 위기에 빠지게 된다. 이때 트로이아 성을 위기로부터 구하기 위해 아마조네스 족의 여왕이었던 펜테실레이아Penthesileia가 자신의 부족을 이끌고 트로이아로 온다. 아마조네스 여전사들은 그리스 연합군을 그들의 진영까지 퇴각시키기도 했지만 결국 펜테실레이아가 아킬레우스에게 치명상을 입어 목숨을 잃게 된다.

이제 그리스 연합군의 총공세를 앞둔 어느 날 밤에 폴뤽세네Polyxene에 대한 그리움을 감출 수가 없게 된 아킬레우스는 프리아모스 왕에게 은밀하게 전령을 보낸다. 폴뤽세네는 프리아모스 왕의 딸이었다. 아킬레우스는 프리아모스 왕의 일행을 스카이아이 성문 앞까지 데려다줄 때 그녀를 보았다. 아킬레우스는 프리아모스 왕에게 그녀와의 결혼을 허락해 준다면 그녀와 함께 고향으로 돌아가거나 아니면 그리스 연합군을 배신하고 트로이아 편에 서겠다고 했다. 프리아모스 왕은 이 제안에 동의했고 트로이아 성에서 멀지 않은 아폴론 신전에서 만나 혼담을 나누기로 했다. 하지만 은밀한 이 모든 이야기를 파리스가 숨어서 듣게 된다.

아킬레우스는 아무런 무기도 없이 약속한 시간보다 먼저 그곳으로 갔다. 하지만 파리스는 그보다 먼저 그곳에 와서 신상 뒤에 숨어 있었다. 파리스는 초조하게 프리아모스 왕을 기다리고 있던 아킬레우스를 향해 아폴론이 빌려준 화살을 쏘았다. 활시위를 당긴

아킬레우스와
펜테실레이아의 대결

아킬레우스의 최후

것은 파리스이지만 시위를 떠난 화살을 아킬레우스의 유일한 약점인 발뒤꿈치를 겨냥하게 한 것은 바로 아폴론이었다. 이로써 아폴론은 자신의 아들인 테네스의 복수를 한 것이다.

이렇게 해서 트로이아 전쟁의 불세출의 영웅이었던 아킬레우스는 최후를 맞게 된다. 그러나 지금까지의 활약상과 비교해 본다면 너무나도 어이없는 죽음이 아닌가. 그리스 신화에서 아킬레우스의 죽음을 이렇게 이야기하는 데에는 몇 가지 시사점이 있다. 먼저 그는 스스로 짧지만 명예로운 삶을 선택하여 트로이아 원정에 올랐다. 하지만 지금까지 이루었던 수많은 공에도 불구하고 폴뤽세네와 혼인하여 고향으로 돌아가거나 그리스 연합군을 배신하게 된다면 그것은 엄청난 불명예로 남을 것이다. 따라서 그의 최후는 그가 선택한 삶과 그에게 주어진 신탁을 이루는 것이라고 할 수 있다. 또 다른 한 가지는 아킬레우스의 죽음을 통해 그리스 신화는 인간이 추구하는 명예의 덧없음을 보여주고 있는 것이다.

호메로스가 그린 아킬레우스는 빛나는 눈매에 금발을 한 잘 생기고 목소리가 우렁찬 청년의 모습이다. 그는 두려움을 몰랐으며 무엇보다도 명예를 사랑했다. 하지만 그의 본성에는 더 부드러운 거의 다정하기조차 한 측면도 있었다. 그는 뤼라와 노래로 근심을 가라앉혔고 친구 파트로클로스와는 깊은 우정을 브리세이스와는 사랑을 나누었다. 아킬레우스는 프리아모스가 아들 헥토르의 시신을 돌려달라고 왔을 때 융숭하게 대접했을 뿐 아니라 함께 눈물도 흘린다. 아킬레우스는 부모를 공경했고 어머니를 신뢰했으며 신들의 뜻을 알았을 때는 그 뜻을 실행하는데 주저하지 않았던 인간의 모습으로 그려진다.

트로이아 성앞에서의 전투

아킬레우스의 시신을 놓고 파트로클로스가 죽은 뒤 벌어졌던 싸움만큼이나 격렬한 전투가 벌어졌다. 하지만 아이아스Aias와 오뒤세우스가 적들을 꼼짝 못하도록 위협하며 아킬레우스의 시신을 그리스 진영으로 가져오는데 성공했다. 장례식은 어머니인 테티스 여신과 무사이 여신들 그리고 님프들에 의해 거행되었다고 한다.

아킬레우스의 장례 후 계속되는 그리스 연합군의 우세에도 불구하고 트로이아 성벽을 허물 수 없게 되자 그리스 연합군은 신들에게 도움을 청한다. 그러자 트로이아 전쟁과 관련된 마지막 신탁이 주어지는데 그것은 '헤라클레스의 화살이 있어야 트로이아 성을 함락시킬 수 있다'는 것이었다. 당시 헤라클레스의 화살은 헤라클레스의 화장 장작더미에 불을 붙여준 필록테테스가 가지고 있었다.

필록테테스를 데리러 갔던 전령들이 그와 함께 지중해를 건너 트로이아로 오는 사이 오뒤세우스와 디오메데스Diomedes는 밤을 틈타 트로이아 성 안으로 숨어 들어가 팔라디온Palladion을 훔쳐온다. 팔라디온은 주술적인 힘을 가진 것으로 알려진 아테나 여신의 신상이었다.

트로이아 성을 함락시킬 수 있는 신탁이 주어졌음에도 불구하고 오

트로이아 성안으로 숨어 들어가는
오뒤세우스와 디오메데스

뒤세우스와 디오메데스가 이런 일을 하는 이유는 무엇인가? 그리스 신화 시대로부터 지금까지 이어지고 있는 유명한 속담이 있다. '신은 스스로 돕는 자를 돕는다.' 신은 인간이 할 수 있는 최선의 노력을 다한 자만을 돕는다. 인간은 자신이 할 수 있는 최선의 노력을 다한 후 신에게 도움을 청해야만 하는 것이다. 오뒤세우스 역시 신탁이 이루어질 수 있도록 자신이 할 수 있는 최선의 방책을 생각해 낸 것이다.

오뒤세우스가 생각해 낸 방책은 세 가지였다. 그는 먼저 트로이아 인들이 너무나도 소중하게 모시는 팔라디온을 훔쳐오고 날이 밝기 전 거대한 목마를 만들어 놓게 했다. 그리고 동이 트면 시논Sinon이라는 병사 하나만을 남겨둔 채 모두 함선을 타고 트로이아 해안을 빠져 나가는 것이었다.

날이 밝자 트로이아 성은 혼란에 빠진다. 팔라디온이 사라진 것을 알았기 때문이다. 모든 트로이아 인들이 여신의 노여움이 내려질 것에 두려워하고 있을 때 성벽에 있던 병사들이 소리치기 시작한다. 그리스 연합군이 함선을 타고 물러가고 있었던 것이다. 트로이아 인들이 성문을 열고 나와 그리스 연합군이 머물렀던 곳으로 가자 그곳에는 시논이라는 병사 한 명만이 있었다.

트로이아 병사들에 잡혀 온 시논은 오뒤세우스가 일러준 대로 이야기 한다. 그리스 연합군은 10년 동안의 지루한 전쟁에서 아킬레우스마저 전사하자 트로이아 성을 함락시킬 수 없다고 생각했다는 것이다. 그래서 그들은 더 이상의 공격이 의미가 없다고 여기고 고향으로 돌아가기로 했다. 하지만 10년의 원정에서 빈손으로 돌아갈 수는 없다고 생각한 끝에 팔라디온을 훔쳐간 것이다. 하지만 영험한 신상을 훔친 것에 대해 여신의 노여움을 살까 두려워서 거대한 목마를 제물로 바치고 떠났다는 것이다. 그런데 자신이 미처 함선에 오르지 않은 사이에 모두 떠나버려서 혼자 남겨졌다고 시논은 이야기한다.

시논의 이야기를 들은 트로이아인들은 거대한 목마를 어떻게 할 것인지에 대한 고민에 빠졌다. 한쪽에서는 성안으로 들여와 여신의 노여움을 풀 제물로 쓰자고 했고 다른 쪽에서는 그리스인들의 계략일지도 모르기 때문에 불로 태우거나 절벽으로 끌고 가서 던져버리자고 했다. 이때 목마를 성안으로 들여와서는 안 된다고 사람들을 설득하던

라오코온 삼부자의 죽음

트로이 유적지에 있는 목마

라오코온Laocoon이 자신의 두 아들과 함께 바다에서 올라온 큰 뱀에게 물려 죽게 된다. 그러자 트로이아인들은 라오코온의 이야기가 틀렸다고 생각하고 목마를 성안으로 끌고 가기로 한다. 라오코온 3 부자의 죽음은 신의 뜻이 실현되는 과정이다. 아킬레우스와 헥토르가 스카이아이 성문 앞에서 대결을 펼칠 때 제우스는 두 영웅의 운명을 저울에 달았다. 그리고 헥토르의 운명을 단 쟁반이 지하세계로 가라앉았다. 그것은 헥토르의 죽음만이 아니라 트로이아의 운명을 예고했던 것이다.

목마는 트로이아 성벽보다 컸다. 그래서 트로이아인들은 10년의 전쟁동안 그리스 연합군도 허물지 못했던 성벽을 자신들의 손으로 직접 허물고 거대한 목마를 성안으로 끌고 간다. 그리고 여신의 노여움을 풀기 위한 제례를 성대하게 지낸다. 트로이아인들은 여신의 노여움이 풀렸다는 안도감과 10년의 전쟁이 끝났다는 해방감에 싸여 있었다. 모두가 흥겹게 마시고 흠뻑 취해서 잠이 들었을 때 목마 안에 숨어있었던 오뒤세우스와 그리스 정예 병사들이 쏟아져 나오고 고향으로 돌아간 것처럼 위장했던 그리스 함선들이 다시 트로이아에 상륙하여 성을 공격한다. 끝까지 성과 백성을 지키려고 했던 프리아모스 왕은 네오프

톨레모스에게 죽임을 당하고 왕비인 헤카베는 그리스 연합군의 포로가 되어 그리스로 끌려와 걸인이 되어 죽게 된다. 그리고 헤라클레스의 화살에 의해 전쟁 발단의 장본인인 파리스가 죽임을 당한다. 이렇게 해서 트로이아 성은 함락되고 10년의 지루한 전쟁은 끝을 맺게 된다.

## 6. 전쟁 이후

트로이아 성의 함락 직전 트로이아 진영의 영웅이었던 아이네이아스는 자신의 아버지인 앙키세스를 업고 성을 빠져나온다. 아이네이아스는 아프로디테 여신과 앙키세스의 아들이다. 앙키세스는 아프로디테 여신과 사랑을 나눈 후 그 사실을 떠벌이다가 제우스의 불벼락을 맞고 절름발이가 되었다. 성을 빠져나오긴 했지만 트로이아 인근 모든 지역이 그리스 연합군에 복속된 상태였기 때문에 아이네이아스는 험난한 여정을 겪게 된다. 오랜 여정 끝에 아이네이아스는 라비니움을 건설하는데 그곳에서 로마를 건설한 로물레스와 레무스가 태어나게 된다. 따라서 그리스 신화와 관련해서 이야기하자면 로마의 조상은 아이네이아스라고 할 수 있다. 그렇기

앙키세스를 업고 성을 빠져 나가는 아이네이아스

때문에 로마인들은 자신들의 시조를 제우스가 아닌 아프로디테 여신이라고 생각했다.

그리스 연합군의 총사령관이었던 아가멤논은 트로이아 성을 함락한 후 카산드라를 자신의 여인으로 취한다. 카산드라는 아폴론을 기만했던 여인으로 아폴론으로부터 신비한 예언의 능력은 받게 되었지만 설득력을 빼앗겼다. 카산드라는 아가멤논의 귀국선에서 아가멤논과 자신에게 앞으로 일어날 끔찍한 일들을 미리 보고 그 사실을 아가멤논에게 이야기하지만 그는 도무지 믿지 않는다. 아가멤논이 자신의 고향인 미케네로 돌아오자 왕비인 클뤼타임네스트라는 10년의 전쟁을 승리로 이끈 왕을 위한 성대한 환영 만찬을 베푼다.

하지만 클뤼타임네스트라는 남편인 아가멤논에게 원한을 품고 있었다. 아가멤논은 자신의 잘못 때문에 장녀인 이피게네이아를 거짓말로 속여 아르테미스 여신에게 희생 제물로 바치려고 했었다. 클뤼타임네스트라는 그 원한을 10년 동안 품고 있었다. 그래서 그녀는 환영 만찬에서 술에 취한 아가멤논과 그를 따라온 카산드라를 자신의 정부인 아

카산드라

이기스토스와 함께 무참하게 살해한다.

카산드라는 이로써 신을 기만한 대가를 치르게 된다. 인간에게 가장 근원적인 공포는 죽음이다. 하지만 하데스의 상징인 퀴니에가 나타내듯이 죽음이란 부지불식간에 찾아오는 것이어서 인간은 죽음에 대한 두려움과 공포를 잊고 살아가는 것이다. 그런데 카산드라는 이미 보았던 그대로 자신의 죽음을 경험하게 된다. 이미 알고 있는 과정대로 죽음의 시간으로 다가가고 있었던 것이다. 이처럼 카산드라는 가장 참혹한 죽음으로 신을 기만한 대가를 치르게 된다.

아가멤논에게는 이피게네이아 말고도 엘렉트라Electra라는 딸과 오레스테스Orestes라는 아들이 있었다. 둘은 모두 자신들이 어릴 적 트로이아 원정에 올랐던 아버지를 12년 만에 만나게 되는 셈이었다. 하지만 그런 아버지를 어머니가 살해했던 것이다. 딸이 아버지에게 애정을 품고 어머니를 경쟁자로 인식하여 반감을 갖는 경향을 가리키는 정신분석학의 용어인 엘렉트라 콤플렉스Electra complex라는 용어는 아가멤논의 딸의 이름에서 유래한다.

성년이 된 오레스테스는 '아이기스토스와 클뤼타임네스트라를 죽여 아버지의 죽음에 복수하게 될 것' 이라는 신탁을 받는다. 오레스테스는 신탁대로 아버지의 복수를 하게 되지만 그것은 복수임과 동시에 어머니를 살해하는 행위였다. 결국 오레스테스는 복수의 여신들인 에리뉘에스 3자매에 의해 광기에 사로잡힌 채로 떠돌아다니게 되었다고 한다.

엘렉트라 콤플렉스와 반대되는 오이디푸스 콤플렉스Oedipus complex 역시 그리스 신화에서 그 이름이 유래한다. 오이디푸스Oidipous와 관련된 신화는 그리스의 3대 비극작가 중 한 명인 소포클레스의 『오이디푸스 왕』에서 자세하게 이야기된다. 그리스의 3대 비극작가는 아이스퀼로스Aischylos, 에우리피데스Euripides, 소포클레스Sophokles이다.

오이디푸스는 테바이의 왕이었던 라이오스와 왕비인 이오카스테 사이에서 태어난다. 라이오스 왕은 아폴론 신으로부터 장차 아들을 낳으면 그 아들이 자신을 죽이게 될 것이라는 신탁을 받게 된다. 하지만 라이오스는 아폴론 신의 경고를 무시한 채 아들을 낳은 후 그 아이의 영혼이 걷지 못하도록 하기 위해 발에 긴 못을 박은 채로 내다 버렸다. 그 아이는 코린토스의  어떤 양치기에게 발견되었다. 코린토스의 왕이었던 폴리보스와 왕비 페리보이아는 그 아이를 데려다 그 발 모양을 보고 오이디푸스라는 이름을 지은 후 친자식처럼 키웠다. 오이디푸스는 '부어오른 발' 이라는 의미이다.

오이디푸스가 장성한 후 어느 날 그는 자신이 폴리보스의 친자식이 아님을 알고 괴로워하면서 자신의 출생의 비밀을 알기 위해 델포이로 떠난다. 하지만 그곳에서 그는 자신의 출생의 비밀과 관련된 신탁 대신 '아버지를 살해하고 어머니와 혼인할 것' 이라는 신탁을 받는다. 오이디푸스가 생각한 아버지와 어머니는 코린토스의 폴리보스와 페리보이아였다. 그래서 그는 다시는 코린토스로 돌아가지 않으리라 결심하고 방랑을 시작하는데 그가 향하는 곳은 고향인 테바이였다.

테바이로 향해 가던 중 오이디푸스는 어느 좁은 갈림길에서 우연히 라이오스를 만나게 된다. 두말이 말이 모는 마차를 타고 가던 오이디푸스는 마침 라이오스와 그의 시종이 함께 탄 마차와 마주친다. 라이오스의 시종이 왕이 지나갈 수 있도록 오이디푸스에게 비켜설 것을 요구했지만 거절하자 그의 말 한 마리를 죽인다. 화가 난 오이디푸스는 마차에서 뛰어내려 라이오스와 그 시종을 함께 죽였다. 오이디푸스는 상대방이 누구인지도 모른 채 그를 살해했다. 신탁의 첫 부분이 이루

스핑크스

어진 것이다.

테바이에 도착했을 때 오이디푸스는 그곳이 스핑크스의 재앙을 받고 있음을 알게 된다. 스핑크스는 반은 사자이고 반은 여자인 괴물로 지나는 사람들에게 수수께끼를 내고 제대로 대답하지 못하는 사람들을 잡아먹었던 괴물이다. 오이디푸스는 수수께끼를 풀기 위해 스핑크스와 마주했다. 스핑크스가 내는 수수께끼는 두 가지였다. '한때는 두 발로 한때는 세 발로 한때는 네 발로 걸으며, 일반적인 법칙과는 반대로 발이 많을수록 약한 존재는 무엇인가?' 그리고 '두 명의 자매가 있는데 한 명이 다른 한 명을 낳으며 이 한 명이 다시 다른 한 명을 낳은 것은 무엇인가?'

오이디푸스는 첫 번째 수수께끼의 답을 '인간'이라고 했다. 왜냐하면 인간은 태어나서 네 발로 기어 다니지만 그 다음에는 두 발로 걷고 나이가 들어 지팡이에 의지해서 세 발로 지내기 때문이다. 그리고 사람이 가장 왕성한 활동을 할 때는 두 발로 걸어 다닐 때이다. 그리고 두 번째 수수께끼의 답은 '낮과 밤'이라고 했다. 이미 앞에서 보았듯이 낮의 여신은 헤메라Hemera이고 밤의 여신은 뉙스Nyx이다. 물론 신화에서는 닉스가 헤메라의 어머니이지만 여신이 아닌 보통 명사로 생각하면 둘 모두 보통의 낮hemera과 밤nyx이라고 이야기되는 여성 명사이다. 그리고 낮과 밤이 서로 교차하는 모습을 서로가 서로를 낳는다고 할 수 있다. 오이디푸스가 스핑크스의 수수께끼를 풀자 스핑크스는 앉아 있던 바위에서 뛰어내려 스스로 목숨을 끊는다.

스핑크스의 수수께끼를 푸는 오이디푸스

스핑크스의 수수께끼를 풀고 테바이 인들을 재앙으로부터 구한 오이디푸스는 모든 테바이 인들의 호감을 받았다. 테바이인들은 감사의 표시로 오이디푸스에게 미망인이 된 왕비와 혼인하여 자신들의 왕이 되어달라고 부탁한다. 그리하여 신탁의 두 번째 부분마저 이루어진다.

오이디푸스가 어머니인 이오카스테와 혼인하여 테바이를 통치하던 중 역병이 돌게 된다. 오이디푸스는 크레온을 델포이 신탁소로 보내 어떻게 하면 역병을 멈출 수 있는지를 물어 본다. 그러자 '라이오스의 죽음이 밝혀지지 않는 한 역병은 그치지 않을 것' 이라는 신탁이 내려진다. 그래서 오이디푸스는 라이오스를 죽인 자에게 저주를 내린다. 그리고 예언자인 테이레시아스에게 그 살인자가 누구인지를 묻지만 모든 사실을 알고 있었던 예언자는 대답을 회피한다. 그때 이오카스테가 나타나 테이레시아스의 예언의 능력에 불신을 표시한다. 그녀는 그 증거로 예전에 자신과 라이오스 사이에서 태어난 아들이 라이오스를 죽이게 될 것이라고 테이레시아스가 예언했지만 라이오스는 엉뚱하게도 갈림길에서 이름도 모르는 자에 의해 죽었다는 것이다.

오이디푸스는 갈림길이라는 말이 마음에 걸려 라이오스가 탔던 마차의 생김새며 그가 살해된 정확한 장소에 대해서 묻고 자신이 아버지를 죽이지나 않았는지 두려움에 사로잡힌다. 오이디푸스는 라이오스의 시종들을 모두 불러오게 한다. 그 중에는 발에 커다란 못이 박힌 자신을 코린토스에 내다 버렸던 시종도 함께 있었다. 결국 그 시종을 통해 그동안의 모든 일들이 밝혀지게 된다. 그러자 이오카스테는 자신의 방으로 돌아가 스스로 목숨을 끊는다. 그리고 오이디푸스는 그녀의 브로치로 자신의 눈을 찔러 실명케 한다. 오이디푸스는 라이오스의 살해자에게 내렸던 저주대로 테바이에서 추방당하고 유랑을 하다가 아티카 지방의 콜로노스에서 죽음을 맞이한다.

오이디푸스 이야기는 그리스 문학에서 트로이아 전쟁만큼이나 유명한 이야기이다. 그리스인들은 이러한 비극을 통해 무엇을 이야기하고자 했던 것일까? 아리스토텔레스는 『시학』*De poetica*에서 비극과 관련하여 고전적인 정의를 내린다. 아리스토텔레스에 따르면 '비극은 공포와 연민을 통해 그러한 감정들의 카타르시스를 완수한다.' 다시 말해 비극은 타인의 고통에 동참함으로써 편협한 이기심과 개별성을 극복하고 자신의 정신을 보편적인 주체성으로 고양시킬 수 있도록 해 주는 역할을 하는 것이다.

## 신들의 계보

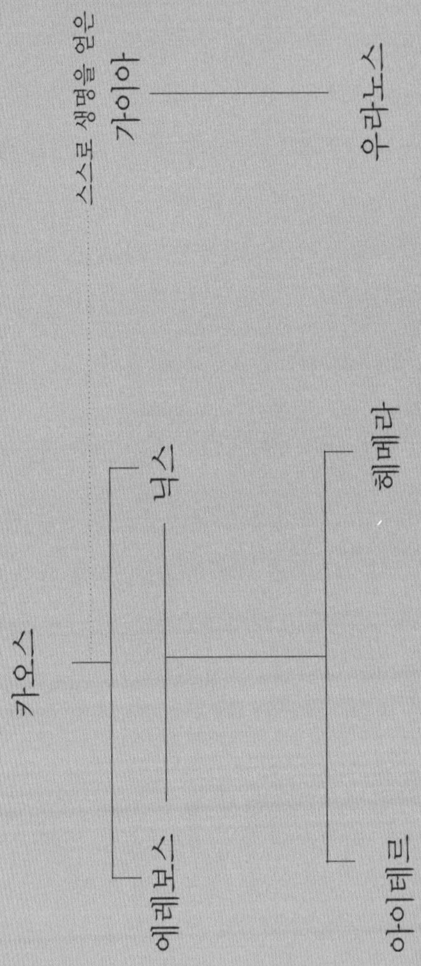

- 우라노스 — 가이아
  - 티타네스
    - 오케아노스
    - 코이오스
    - 크리오스
    - 휘페리온
    - 이아페토스
    - 크로노스
  - 티타니데스
    - 테이아
    - 레이아
    - 테미스
    - 므네모쉬네
    - 포이베
    - 테튀스
  - 퀴클로페스
    - 브론테스
    - 스테로페스
    - 아르게스
  - 헤카톤케이로스
    - 코토스
    - 브리아레오스
    - 귀게스
- 테미스 — 제우스
  - 호라이
  - 모이라이
  - 아스트라이아
  - 에리다노스의 님프들
- 므네모쉬네 — 제우스
  - 무사이
- 가이아 — 우라노스의 피
  - 에리뉘에스
  - 기간테스
  - 물푸레나무의 님프들
- 우라노스의 피 ··· 아프로디테

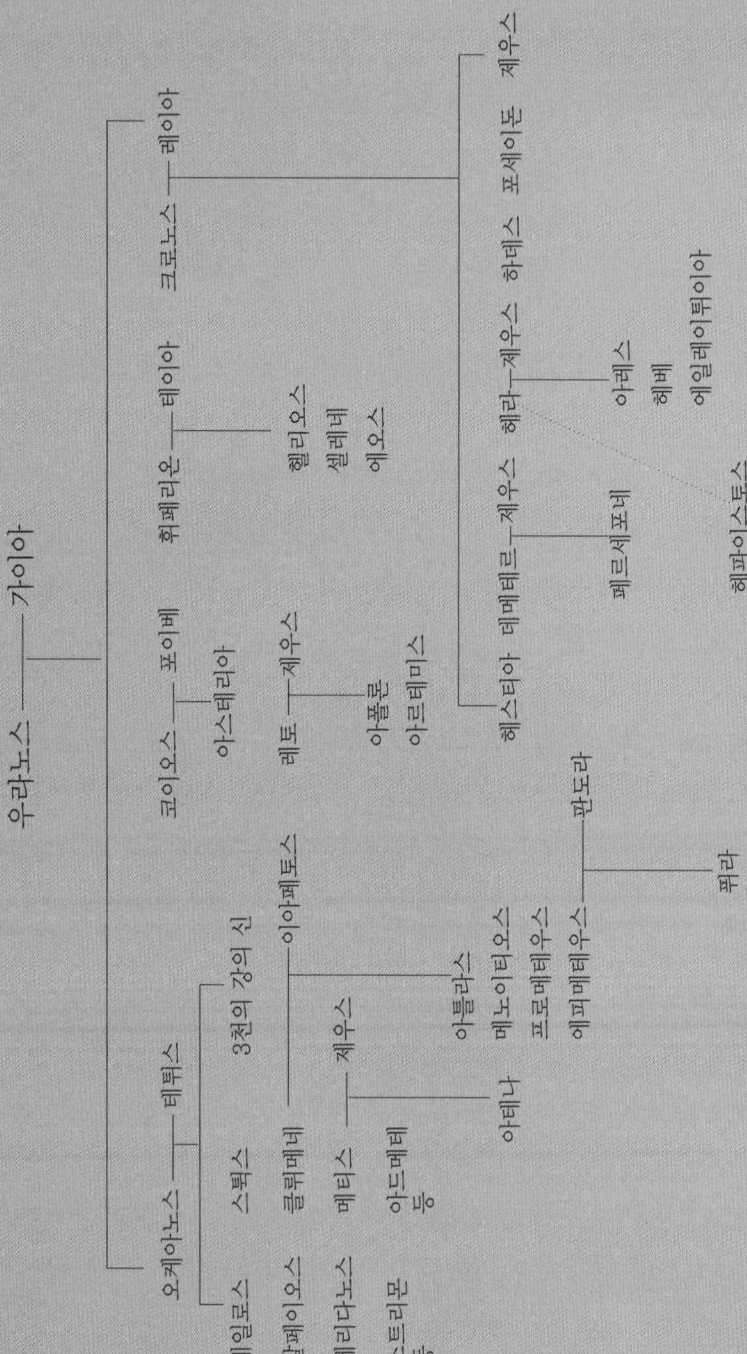
우라노스
가이아
오케아노스
테튀스
네일로스
알페이오스
에리다노스
스트리몬
등
스튁스
클뤼메네
메티스
아드메테
등
3천의 강의 신
이아페토스
제우스
아테나
아틀라스
메노이티오스
프로메테우스
에피메테우스
판도라
퓌라
코이오스
포이베
아스테리아
레토
제우스
아폴론
아르테미스
휘페리온
테이아
헬리오스
셀레네
에오스
크로노스
레이아
헤스티아
데메테르
제우스
페르세포네
헤라
제우스
아레스
헤베
에일레이튀이아
헤파이스토스
하데스
포세이돈
제우스

- 제우스
  - 여신
    - 메티스 — 아테나
    - 테미스 — 호라이, 모이라이, 아스트라이아. 님프들
    - 헤라 — 아레스, 헤베, 에일레이튀이아
    - 므네모쉬네 — 무사이
    - 레토 — 아르테미스, 아폴론
    - 데메테르 — 페르세포네
  - 님프
    - 마이아 — 헤르메스
    - 칼리스토 — 아르카스
  - 인간
    - 세멜레 — 디오뉘소스
    - 알크메네 — 헤라클레스
    - 안티오페 — 암피온, 제토스
    - 다나에 — 페르세우스
    - 엘렉트라 — 다르다로스, 이아시온
    - 에우로페 — 미노스, 사르페돈, 라다만티스
    - 이오 — 에파포스
    - 레다 — 폴리데우게스, 카스토르, 클뤼타임네스트라, 헬레네
    - 니오베 — 아르고스, 펠라스고스
    - 타이게테 — 라케다이몬

# 찾아보기